U0404715

华为系列故事

主　编　田　涛　殷志峰

编委会　陈黎芳　曹　轶
　　　　龚宏斌　张俊娟

生活·讀書·新知 三联书店

Copyright © 2017 by SDX Joint Publishing Company.
All Right Reserved.
本作品版权由生活·读书·新知三联书店所有。
未经许可，不得翻印。

图书在版编目（CIP）数据

厚积薄发 / 田涛，殷志峰主编 . -- 北京 : 生活 · 读书 · 新知三联书店，2017.1（2025.5 重印）
（华为系列故事）

ISBN 978-7-108-05892-8

Ⅰ . ①厚… Ⅱ . ①田… ②殷… Ⅲ . ①通信 – 邮电企业 – 企业管理 – 经验 – 深圳 Ⅳ . ① F632.765.3

中国版本图书馆 CIP 数据核字（2017）第 001949 号

策　　划　知行文化
责任编辑　朱利国　马　翀
装帧设计　陶建胜
责任印制　卢　岳
出版发行　生活 · 讀書 · 新知 三联书店
　　　　　（北京市东城区美术馆东街22号）
网　　址　www.sdxjpc.com
邮　　编　100010
经　　销　新华书店
印　　刷　河北鑫玉鸿程印刷有限公司
版　　次　2017年1月北京第1版
　　　　　2025年5月北京第17次印刷
开　　本　635毫米×965毫米 1/16　印张 15.5
字　　数　180千字 / 82 幅图
印　　数　488,001-493,000册
定　　价　46.00元
（印装查询：010-64002715；邮购查询：010-84010542）

蓬生麻中　不扶而直

——『荀子·劝学』

人生攒满了回忆就是幸福

——任正非

目　录

机会主义是创新的敌人

（序）

田　涛

（一）

《厚积薄发》记述的是华为研发二十九年的创新史。创新与变革是华为持续成长与强大的两大利器。

20 世纪 90 年代初，华为创始人就清醒地认识到，随着国家经济建设高潮的到来，大规模发展通信基础设施将是大势所趋；而消除数字鸿沟，正是发展中国家摆脱贫困命运的重大路径之一。一个宽阔而充满想象力的主航道为华为呈现出了巨大的机遇，华为要乘势而上。在此一认知的牵引下，华为从几十号人、几千人到今天的十七万人，以二十九年的资源集中度，持续、饱和地聚焦于固定通信、移动通信、光传输和数据通信等核心领域的通信管道的研究与开发，即使在 2001 年全球 IT 泡沫时期也毫不动摇。今天看来，这种在正确假设支配下的方向感、思想与理论、创新战略，以及对正确战略的孤注一掷的坚持，无疑是华为崛起和阶段性成功的核心要素之一。

三十年前，人类移动通信的普及率不足 1%，三十年后超过了 100%（全球移动终端拥有量）。

未来二三十年，人类将进入视频时代、云化时代，这是华为过去五年的假定，今天它正在逼近现实，AT&T 收购时代华纳的举措，其背后反映的正是美国的全球战略野心和未来布局，任正非对此的感慨是，在美国面前，“华为还是小弟弟”，但美国企业所掀动的汹涌澎湃的数字洪流，包括人工智能和物联网的蓬勃兴起，将需要巨大容量的管道来承载。华为真正进入到了“蓝海”，因此要充分利用自身的优势地位和优势资源，持续压强于信息管道的方向，构建面向未来的客户战略和技术创新战略。

创新是需要理论前瞻的，没有理论的创新是无源之水。创新同样需要正确的价值导向，华为二十九年的技术与产品创新，始终奉行一个不变的准则：以客户为中心。无论是语音时代的模仿——追随式创新，数字时代的追随——引领式创新，从数字交换机、光传输、IP 路由器……到分布式基站、SingleRAN 基站、IP 微波等等，一路走来，华为之所以很少有重大的创新失误与战略挫败，究其根本，就是“大道至简，简单就是生产力”——一切的创新无不紧紧围绕着客户的显性需求与隐性需求而展开。

颠覆常在，创新永恒。任何商业组织要想长期立于不败之地，至简至上的“大道”只能是：以客户为上帝，拥抱颠覆，拥抱创新。

（二）

新晋诺贝尔文学奖获得者、美国歌手鲍勃·迪伦在一首歌中唱道：

“一个人要仰望多少次，才能看见天空？”听到这首歌、看到这段哲言时，我正在审读《厚积薄发》稿件，内心掀起了强烈共鸣：这不就是在讲华为吗？

二十年前，在上海租住的一间简陋民居中，任正非对华为上海研究所的十多位年轻的研发工程师们说，二十年后，我们要在上海建一座可容纳一万人的研发大楼。二十年不到，华为上研所不仅有一座亚洲最大的单体建筑，拥有上万名科技专家、工程师和开发人员，而且是华为领先全球业界的无线产品大本营……今天，华为在全球有十四个研究所，三十六个联合创新中心，十七万名员工（含一百六十个以上国籍的外籍员工近四万人）中，有将近一半的人从事研究与开发，每年以销售收入的10%以上投入研发，过去十年，累计研发投入两千四百亿人民币……

厚积薄发。二十九年，集结和驱动全世界最大规模的研发团队，紧紧围绕通信管道的城墙口，咬住它，撕开它，饱和攻击，华为终于从山脚下攻上了“上甘岭”，本书的十多篇故事，讲述的正是十多支饱和攻击的纵队力量——他们的执著与勇猛、寂寞与奋进，以及“最强大脑”间的相互撞击，和在另一种“枪林弹雨”中的冒险与冲锋……

机会主义是创新的敌人。二十九年，华为拒绝资本化与多元化，即使在通信管道领域，也始终警惕力量与资源的分散，警惕短期利益的诱惑与干扰。“小灵通”——一种日本早就淘汰了的落后技术，曾经在中国市场风生水起，华为在当年只需要投入几十号人、两千万人民币，就可以为公司带来百亿人民币的年销售收入，任正非坚决放弃这一“难得的机遇”，坚持将“赌注”押在面向未来的无线新制式 WCDMA。作为最高决策者的他当时面临的内外压力是极其巨大的，2002 年的某一日，任正非在与笔者喝茶时，多次重复一句话：我们是一家有理想的公司，我们是一家有理想的公司……

华为是从珠穆朗玛峰的北坡登顶的（柳传志对华为的评价），北坡既陡又冷……但在理想主义旗帜和核心价值观的牵引下，十七万华为人合成一股铁流，历经二十九年的孤独奋战，终于攀爬到了第一座山峰的山巅……

唯坚韧者始能遂其志（富兰克林语）。

（三）

成功是成功者的魔咒。登上“珠峰”的华为是否会患上峰顶眩晕症？是否会步入绝大多数组织从幼稚到成熟、从成熟到急剧衰落的怪圈？

华为其实面临着诸多挑战，必须进行深刻的变革。2009 年前后，华为已多多少少患上了大企业病，也正是从 2009 年开始，针对已有的、可能发作的大企业病，华为从思想舆论、激励制度、组织等方面进行了一系列的变革实验。

能打败华为的永远是华为自己，而不是任何外部竞争对手。一个超稳定结构的组织，不可避免地将走向活力降低与丧失。华为要有思想与行动的警觉。

2016 年 10 月 28 日之夜，华为吹响了面向未来的盛大集结号：两千位在研发体系奋斗了十五年、二十年的专家、研发高管“自带降落伞”，即将奔赴市场一线……很显然，这是一个巨大的组织动作。

长期关注和研究华为的台湾政治大学教授李瑞华评论道：这样的举措全球很难有哪一家大企业敢于做、可以做，唯有军队能够做到……

组织管理的核心命题是：逆本能，即通过一系列的举措，让组织远离舒适区，远离熵增。华为二十九年的组织建设，正是遵循了热力学第二定律和耗散结构理论而运行的。华为要想再创辉煌，自然亦应循此而行。

两千位研发专家、高管换位到一线，零距离感知客户在技术转型时期的现实需求，与客户共同创造潜在需求，反过来倒逼研发更进一步贴近客户；更重要的是，几万人的市场团队如虎添翼，八万人的研发组织被充分激活了。换血与输血，使组织始终充满青春气息。而唯有内生力量的生生不息，才可以拥抱颠覆和混乱。

近几年，华为的管理语境中出现了一些新概念：一杯咖啡吸收宇宙能量、多路径多梯次跨越“上甘岭”并攻进“无人区”、炸开组织金字塔尖、拉法尔喷管、获取分享制、模糊员工与非员工界限的利益共享生态圈等，很显然，这些概念及其衍生出的一系列变革行为，背后表达的正是对大企业病的深刻认知，以及对未知和变化的主动探索。

黑天鹅、混沌、动荡、非连续性、不确定性……类似的词汇都是关于人类今天和未来的焦虑性描述，华为的未来三十年正是在这样的背景下展开的，因循守旧、拒绝变化将是死路一条，无选择的出路只能是：变革与创新，以变革不断激活组织，以创新征服未知。但创新的前提和归宿依然是：客户显性需求的持续满足与隐性需求的创造性开掘。创新的宗旨依然是：聚焦主航道，不在非战略竞争点消耗战略竞争力量。

《厚积薄发》讲的是华为在语音时代、数据时代的创新故事，而过往时代，华为只是个一流的追随者；放眼即将到来的图像时代，华为能否如任正非所愿，成为人类“天气预报”的一分子？成为行业的世界领导者？人们将拭目以待。

2016 年 12 月

从个人英雄到群体英雄

作者：丁 耘

经常有人问我：华为从做交换机起步，接着做传输、无线、数通，现在是IT、终端，几乎把通信领域的所有产品都做到了业界领先，这是为什么？我认为核心原因是三点：制度和流程、人才、文化。

一、制度和流程：从对“个人英雄”的依赖，到可重复的产品开发成功

早期华为的产品开发，跟很多公司大同小异，既没有严格的产品工程概念，也没有科学的制度和流程，一个项目能否取得成功，主要靠“英明”的领导人和运气，靠的是“个人英雄”。换句话说，产品开发能否成功，有很多不确定性和偶然性。

为了改变这种局面，实现从依赖个人的、偶然的推出成功产品，到可以制度化可持续地推出满足客户需求的、有市场竞争力的成功产品的转变，任总在1997年访问了IBM等公司后，决定开始管理体系的变革和建设，引入IPD（Integrated Product Development，集成产品开发）。当时任总提出了“先僵化、后固化、再优化”的变革指导思想。僵化是为了深刻理解流程，固化是为了让流程成为习惯，

厚积薄发

HUAWEI STORY

优化是为了持续改进。这种削足适履、“穿美国鞋”的过程虽然痛苦，但使华为的产品开发，从小作坊式的模式走向规模化、流程化、可管理、可重复。

华为以前每个人个体的能量都很大，每个人干活都很拼命，但却是“布朗运动”，这时候需要有一个“堤坝”去管理和规范个体的能量，把所有发散的能量导向同一个方向，形成一股合力。IPD 就是这样的一个“堤坝”，把大家的力量从“布朗运动”变成了一个比较有序的运动。

IPD 流程科学地管理产品开发的过程，把从客户需求提出到客户需求满足的过程划分为几个阶段和决策评审点，并定义了相应的流程、规范、工具和方法。在 IPD 流程下，开发人员不能再想干什么就干什么了，产品开发是有计划、管理和控制的活动，大家按照流程和规范来行动，确保了产品开发的可控和透明。

IPD 从商业投资的角度看待产品开发，强调产品组合管理、聚焦和取舍、端到端、团队运作和管理，强化了把能力建在组织上，确保把一个产品的成功开发复制到其他产品，而不再靠运气了。

二、从“资本”主义到“知本”主义

（一）人永远是最值钱的

人到底有多重要？先分享一个故事。2006 年我们收购了一个做处理器的小公司，把其源代码和设计文档买了过来，但没把开发团队招过来，一个人都没要。我们以为，有了这些源代码和文档，自己就能开发出产品，结果做了两年什么都没做出来。2008 年，我们就把这些核心人员重新招进来，很快他们就把产品做出来了。

这让我们认识到，人才是最值钱的，远比那些源代码、图纸和文档值钱。

认识到人才的价值，也要给人才合理的回报。未来的竞争，一定是人才的竞争，企业的竞争力也决定于是否拥有最优秀的人才。如果不给人才新机会和有竞争力的薪酬，就吸引不来真正有竞争力的人才。华为认识到了这一点，因此愿意给高价值、高贡献人才以有竞争力的薪酬回报，吸引并留住优秀人才。

那么人和机器比，哪个更重要？有些企业，他们口头上说人更重要，但实际上却认为机器设备更值钱。比如说办公电脑的速度很慢、实验仪器设备不够，大家不得不排班等实验设备。华为知道人比机器更值钱，因此尽量把人装备好，仪器设备配足，“把士兵武装到牙齿”，让设备围着人转，而不是人围着设备转。我们的员工出差，尽量坐飞机、打的士，也是为了省时间，把这些时间用来创造。

（二）专家可以比主管级别高

做技术的人都有一个困惑：到底是做一名管理者，还是做一个专家？因为在很多企业，管理者比专家升得更快，回报更多。

在华为，一个部门级别最高的不一定是主管，而可能是专家。比如说，某海外研究所是22级的研究所，所长是22级，但其六七个Fellow（在华为内部专指最高级别的专家）级别在22级到24级，比所长要高。所长出差不能坐飞机商务舱，而Fellow可以坐。工资待遇，这些专家可能比所长高。这样做是为了真正让技术线和管理线两条腿都硬。

（三）对专家的激励显性化

Fellow 的薪酬回报是有竞争力的，但这些是隐性的，再怎么高，别人都感觉不到。因此我们想，怎么对 Fellow 进行显性激励。后来我们学了美国加州大学伯克利分校的一个做法，他们有一个政策是，某个教授得了诺贝尔奖后，可以有一个离办公室很近的专用停车位，车位上立一块牌子，写着：NL（Nobel Laureate，诺贝尔奖得主）。四年前，华为在评第一批 Fellow 时，就定了一个政策，Fellow 可以坐商务舱。

后来我们发现大部分 Fellow 不坐商务舱。问“为什么？”回答说“我们主管和下面的兄弟们都不坐，我不好意思坐”。于是我们又下“命令”,Fellow 必须坐商务舱，否则要“罚款”。当然不是真要罚，只是想让 Fellow 们知道，他们不坐商务舱，技术体系的荣誉感就建立不起来，公司不需要他们省这个钱。

（四）在有风的地方筑巢，而不是筑巢引凤

华为强调在全球进行能力布局，把能力布在人才聚集的地方，机构随着人才走，不是人才随着机构走。和一些企业把人才招回国内使用不同，我们是在全球找人才，找到这个人才围绕他建一个团队，不是一定要把他招到中国来。

微波就是一个例子。我们在米兰找到了合适的顶尖专家，就决定把能力中心建在米兰，围绕他建立一个团队。现在华为已经在米兰建成了一个研究所，成为微波的全球能力中心。

南橘北枳，一个橘子在南方长叫橘，在北方长叫枳。我认为，人才的产生是需要环境的，一个人的创新能力跟他在哪个环境关系很大。我们经常听到“筑巢引凤”，但我认为，离开了人才生长的环

境，凤凰就成了鸡，而不再是凤凰。

米兰是有微波环境的，有人才、产业环境和高校资源。他在那样的环境，跟别人喝咖啡的时候就吸收了各种信息。而要是离开米兰到了中国，会怎样？中国没有微波的产业环境，他连喝咖啡都不知道跟谁去喝。

三、资源是会枯竭的，唯有文化生生不息

华为成功产品开发的背后，一个很重要的因素是核心价值观和文化。

讲我自己的例子。我研究生毕业后，先去的是其他公司，后来才加入华为。来了后，感觉在华为我只需要关注客户、专心做事就行，自然有人会考虑我的待遇和发展，其他的都不用我担心，不用考虑站队伍、跟对人。在这样的文化氛围下，大家就会力出一孔。

华为米兰研究所的所长 Renato 是一个意大利人，他也跟我说，为什么有些事情在华为能做起来，而在其他公司不能，是因为华为文化。华为的工程师可能没有经验，也会经常犯错，但是他们特别有激情有活力，特别能奋斗，只要定下目标，一定会想方设法去实现，再大的困难和挑战都会去克服，屡战屡败，屡败屡战，这就是华为文化（详情参见本书第 193 页《华为为我设立了一个研究所》一文）。

（一）从成功的团队选拔干部

华为坚持从成功的团队选拔干部。衡量一个团队的成功，不是看这个团队的级别有多高，而是看出了多少干部。譬如说我当年带的软交换研发队伍，产品做成功后，我被提拔了，下面的兄弟也都

被提拔了，这样成功的 DNA 就扩散了。传输和无线也是，产品成功以后，很多干部被提拔、分派到很多角落，DNA 随之也就扩散出去了，从而形成文化的一种蔓延。

任总一直强调，只从成功团队选拔干部，而不是从失败的团队选拔。从成功的团队提拔干部，有两个好处：第一，大家看到了榜样，榜样的力量是无穷的；第二，优秀的管理文化通过这些优秀的干部传承下来。

（二）做工程商人，坚持客户需求导向

华为强调做工程商人，强调客户需求导向而不仅仅是技术导向，强调围绕着客户需求进行创新，产品必须导向商业成功。

华为追求卓越，任何产品在立项之初就确立了很高的目标，在很高的层面面向未来构筑竞争力。比如说 Single 天线，在方案设计时，坚决不做苟且方案，而目标是业界最佳，经过短短五年，华为天线就做到了业界领先。

（三）宽容失败，容错试错

华为并不是所有产品都成功的。2002 年有一个产品 iNet 就经历了全面的溃败。在客户招标中，有五个供应商中标，就是没有华为。为什么呢？因为华为太技术导向了，不听客户的声音。后来公司没有因为失败否定大家，当然大家撞了南墙后也醒悟过来，明白必须坚持客户需求导向，于是重新调整方向。最后，华为的核心网做到了全球第一。这就是宽容失败的文化体现。

据我所知，有些企业提出研发人员要对科研项目成败“终身负责”。如果这么做，不可能有真正的创新。科研本来就是试错的过程，

没有试错哪会有创新。如果犯了错，一辈子被贴上标签抬不起头，谁还敢创新？当然我们也会回溯错误，回溯不是为了追究责任，而是为了吸取经验教训，不重复犯同样的错误。

（四）有战略耐心，拒绝机会主义

做产品不能投机，必须目光放长远，投资一些不能立竿见影的项目。比如在2008年，我决定要投资做一颗芯片。我跟团队讲，可能在我的任期内是见不着这颗芯片上市的，但为了长期竞争力还是要投资。果真，等我从研发去了市场，又从市场回到研发，到2011年底这颗芯片才开发出来。

有什么机制保证华为产品体系愿意做长远的投资？华为考核产品线主管，不仅仅看当期的经营，还要看未来的两年，看这个主管离开两年后产品线是否还有一个可持续的良好的增长和市场竞争力，如果没有，说明他把产品的能力透支了。

（五）自我批判，从泥坑中爬起来的人是圣人

华为强调自我批判。2000年，研发体系举行过一个万人规模的“呆死料”大会，一起回顾、反思历史上犯过的错误，并领取很特殊的“奖品”——因自己的幼稚和错误而造成的呆死料和机票。自我批判，帮助产品体系时刻保持清醒头脑，不自满，虚心向外界学习。2010年在马来西亚电信产品出了事故被投诉后，公司上上下下开反思会，分析根本原因，系统改进，大家从思想深处剖析自己如何改进，基于此案例优化了解决方案管理能力并强化了以客户为中心的文化。

自我批判的一个制度性设计就是蓝军。蓝军是相对红军而言的，是一个专门的组织，研究怎么打败华为，打败华为的产品和解决方

2000 年研发体系举行“呆死料”大会现场

案。换句话说，是专门挑刺、说不好听的话，而不是来迎合大家的。当年某个接入网产品，为了满足欧洲客户的需求，红军设计了一个平台架构。这时蓝军的一个专家跳出来，写了很长一篇文章，说这个产品架构有缺陷，肯定会失败，写了很多条理由，每条都有论证。红军就开始反击蓝军，召集了硬件、软件一堆的专家，不断去优化架构和设计，来证明自己正确。蓝军的“攻击”把整个红军团队激发了，这个产品 2004 年开始设计，2006 年上市，到今年十年了，架构还是领先的。这就是蓝军机制，这种机制能激发我们的潜力，使我们在产品和技术上不断创新。

我们清醒地认识到，当今的世界不再是一个人能单打独斗闯天下了，产品的成功必须依赖于一个团队，必须依赖群体英雄，而不是个人英雄。只有管理制度和流程、人才、文化，彼此形成稳定的三角，才能让英雄“倍”出，让成功可以复制。

从泥坑中爬起来

作者：姚弋宇

“华为根本不懂新一代电信网络！”客户的批评劈头盖脸而来。

2001年，当我们以令人震惊的速度，拿出新一代综合交换机iNET时，迎接我们的不是鲜花与掌声，而是血淋淋的现实——客户根本不允许我们的产品入网！

这意味着，我们被客户彻底抛弃了！这一惨败几乎断送了核心网。C&C08机曾经带来的荣耀与辉煌，也瞬间灰飞烟灭。我们凭什么重新开始？又如何奋起直追？

跌进了深深的泥坑

失败的原因，和我们此前做的一个选择有关。2000年，受互联网和IP业务的影响，下一代电信网络的发展出现了两种演进策略：ATM（基于电信的实时高可靠性传输技术）和IP（基于互联网的简单传输技术）。

我们的团队由于C&C08机128模块的巨大成功和惯性思维模式，坚持认为基于ATM的综合交换机才是客户真正需要的，而基于IP的软交换只是IT厂商的玩具而已。我们不仅没有及时听取客户的

从泥坑中爬起来

厚积薄发

HUAWEISTORY

需求，还积极反对软交换的演进方案，甚至在与客户面对面交流时，对客户的决策进行抨击，导致客户对我们的解决方案彻底失望。

由于偏离客户需求、盲目自信、以自我为中心，我们的产品败走麦城，两年多来几百人为此奋战的巨额投入打了水漂，核心网跌进了深深的泥坑，研发团队面临被解散的局面。

那时的我还是一个刚进公司五个月的新员工，怎么也没想到，自己加入华为开发的第一个产品，就马上要被终止生命。我非常沮丧，觉得前途一片灰暗，不知道还能不能继续在华为干下去……

就在我彷徨绝望时，突然听到了一个"绝处逢生"的消息——公司没有放弃我们，决定及时调整战略方向，选择 IP 技术，重做平台！这个消息就像一丝曙光，照亮了落入漆黑悬崖下的我们。

我们从解散的边缘被重新组建起来，成为新的软交换平台团队。"败军之师"要想正名，唯有胜利。

新的平台选择了新的硬件架构，全面基于 IP，一切都要从头开始。我们必须在不到一年的时间，完成从操作系统、数据库到通信机制等基础功能的构建。产品经理开计划会时，不止一次地问我们："你们能不能按时交付？"我们的平台项目经理李华斌拍案而起："保证不拖产品后腿！"

我当时承担的是 OS 部分。那是我第一次接触 OS，看到几百页犹如砖头厚的全英文手册，整个人都懵了。记得那年春节放假，我在家里天天捧着手册在看，玩命地用功引来父母的担心："是不是因为感情上受了什么打击了？"重压之下，我取得了飞速成长，仅仅一个半月后，我就成了项目组"死机问题专家"。

而项目经理李华斌不仅承担了最复杂、最具挑战性的 IP 通信模块开发，主导平台和产品的联调，还要作为救火队员四处奔忙，哪里有问题，就扑到哪里……等我们终于成功打通第一个电话时，他却病倒了。别人问他干吗要这么拼命，他说，就是想着不能让平台在我们手里做没了。

2003年，软交换平台渐渐成形，构建了众多基础架构和技术：支持百万级的大容量分布式技术、99.999%电信级高可靠架构、全IP交换……这些亮眼的特性，让我们的产品在关键技术和性能竞争力上，大幅度超越了友商。

重新回到“以客户为中心”道路上的我们，因为得到了客户的认可和宽容，才在中国的大地上重新站起来。偏离客户需求所付出的惨痛代价，让我们深刻认识到，解决方案竞争力的构建，必须围绕客户诉求，只有真正解决客户关心的问题，我们的产品才有可能获得成功。

卫星被攻击?

随着第一代平台上网，我成为平台的维护经理。可由于缺乏平台问题定位手段和远程化支持能力，我们闹过不少笑话。

2005年，马达加斯加G运营商反映，使用我们的设备时，他们的网络经常出现电话语音质量变差或无声的情况。马达加斯加使用卫星做中继传输，承载的可都是高价值的旅游客户，运营商非常担心：信号质量这么差，我们的客户流失了怎么办？华为快想办法啊！

我们反复进行模拟实验，但都没能重现问题。一开始我怀疑是卫星信号不好，或者由于天气干扰、地磁暴动等原因，导致卫星链路出现频繁闪断。但通过消息跟踪，发现并非如此，而且从消息跟踪的轨迹来看，都是消息成功发送出去后，在卫星链路中无故消失，对端也没有收到任何信息。

这究竟是怎么回事？难道是卫星遭遇太空小碎片攻击，导致传输异常？我们自觉脑洞开得很大，但也不能排除这个可能，于是硬着头皮跟客户交流：“能不能确认下卫星有没有问题？”客户满脸疑惑：“如果是卫星遭遇攻击，怎么可能只造成通信故障？只有消息跟踪轨迹，证明不了什么，你们能采用第三方工具，给出更有说服力的证据吗？”

我们只好派信令专家老黄去现场，通过信令仪去抓数据包来分析。老黄虽然技术很牛，但普通话不太标准，穿着又很随意。结果第一次出国就在海关被拦下了，到最后飞机都起飞了，他还没有换到登机牌。后经过反复沟通，他才改签了机票，两天后赶到现场。这期间我们真是等得心急如焚，更加坚定了要拼命提升远程消息跟踪能力的决心。

几天之后，定位有了进展，终于找到了问题根源——就是因为连接我们软交换系统的卫星链路消息传输时间很长，有时会超出代码中预设的发送超时时长，导致一些数据出现冲突。

找到原因，解决了问题，客户和我们都松了一口气。想起我当初竟然会怀疑“卫星被攻击”，不免有些好笑，还好这“黑锅”最后没让它背。

如今，虽然我们的局点分布越来越广，但随着平台问题定位手段越来越丰富，很少再有这种飞半个地球赶往现场攻关的场景了，当然也不会再闹“卫星被攻击”这种大乌龙了。

太阳黑子引发的悬案

2006 年，西藏地区 S 客户反馈，我们的设备发生了一次单板死机重启问题。还没分析出原因时，一个月内又连续发生了两起类似事故，客户开始质疑华为：你们的产品到底行不行啊？

问题进一步升级，我们成立了软硬件联合工作组，封闭攻关。大家一起分析日志、走读代码、查看单板器件，经过一次又一次的分析和推演，发现是数据 bit 跳变（二进制位 0 变成 1、1 变成 0）引起的。但是，为什么会跳变呢？究竟是软件问题，还是硬件问题？大家全都摸不着头脑。

在不到十平方米的临时会议室，软硬件各领域专家一起冥思苦想。由于各种线索都被验证不可能，大家有些沮丧，气氛很沉闷。碰头会快结束时，负责设备管理的同事自言自语道："会不会西藏太高了，有高原反应了吧？"

"啊，真的可能啊！"我们的硬件专家阿杜突然眼睛发亮，"也许西藏辐射大，比如太阳黑子引发的射线，导致内存和 cache 的数据发生跳变！"

之前怀疑"卫星被攻击"，现在又怀疑"太阳黑子惹的祸"，这次的猜测会是真的吗？

被点燃的火花迅速蔓延到每个人身上。我们马上去查询太阳黑子的活动曲线，以及辐射导致芯片失效的案例，竟然真的找到了相关的证据！我们还对西藏地区近年日照时数做了研究，发现单板死机问题出现的时候，西藏地区太阳黑子活动明显较往年活跃。

太阳黑子？这怎么可能？客户一脸不信任。我们一向大胆假设，小心求证。于是，在一千公里之外的实验室里，平台专项攻关组立刻进行辐射专项试验，模拟高能粒子轰击，很快重现了数据跳变问题。

"找到原因了！"在一线测试的兄弟兴奋地挥舞着测试报告，"我们还要把测试时间放长一些，把规律找出来。”

原因找到了，但如何解决？最好的办法当然是更换硬件，选择抗“太阳黑子”能力更强的涂层，但动作太大了，客户不愿意。于是，我们通过增加内存，采取 cache 自动定期巡检、回写纠错等方案改进，终于解决了单板死机问题。

后来，我们又突破多项专利技术，实现在错综复杂的系统中精确定位被“太阳黑子”影响的位置，并迅速修复。

欣喜之余，大家相互调侃，通信工程师不仅要知道通信知识，还得上知天文、下知地理啊！

从二十分钟到四十秒

第一代软交换平台的成功让我们占据了市场领先的位置，但通信行业的发展是爆炸式的。2007 年，友商计划推出刀片架构的新平台。当时，还在维护部的我接到了主管的电话：“回来开发第二代平台吧！”

我对亲手做出来的第一代平台充满感情，因而没有犹豫，就投身到新平台的开发中去。

首先面临的是软件架构的选择。产品架构师力挺旧架构：“把第一代平台直接搬到新的硬件上来，这样工作量最小，能最快推出，而且稳定性好。”但平台架构师坚持采用新平台：“如果我们不采用新的平台，无法与友商拉开竞争差距。”

两方争论不休，我自己心里也很矛盾，我觉得在技术上我们应该选择新架构，但在交付上旧架构更安全。最终，经过多次产品线专家的集体评审决定：决定向前看，用新的架构，确保核心网产品

核心网平台团队成员合影

后续五年的领先优势，并向未来持续演进。

然而知易行难。我们的平台和产品联调时，出现了大量问题：第一次用 Linux 操作系统替换自研操作系统，可 Linux 包有 1G 多，安装一个单板需要四五个小时，难度很大，插拔网卡需要重启，无法满足电信即插即用要求；引入业界先进数据库替换自研数据库，可升级倒换时长，不可控；新的操作维护架构，问题定位需要的日志量很大，第一个实验局开局时，问题定位需要开车用硬盘送日志……

内部交付验收后，服务兄弟洋洋洒洒地做了几十页 PPT，指出平台近一百个问题，投诉到产品线。那段时间，每天内部测试涌现出一百多个问题，还有超过一百万行的工作量待开发。我们就像泥足巨人，完全动弹不得。

“架构做错了，用第一代平台架构，早就好了。”我们被巨大的质疑声淹没。那时作为平台部长的李华斌顶住压力，到产品线推动业务决策，给我们的需求减负，重新调整范围和计划，这也是产品线第一次与研发部和各产品深入沟通，逐步让大家理解和支持我们。

背负着产品线的期望和市场的压力，我们背水一战，对硬骨头进行系统梳理。首先拿 Linux 操作系统开刀，系统加载在电信系统中需要二十分钟，根本让人无法接受，我们想到让系统“瘦身”。但一轮下来，并没有达到预期，还要十分钟！

“不行，最多只能四十秒，没得商量！”我想，如果赶不上老架构，市场根本不会接受。于是我们继续攻关，预加载、固化……又缩短了一半时间，达到了五分钟。再往下就更艰难了，我们不停想方案验证、找专家讨论，十八般武艺能上的都上，1 秒钟 1 秒钟地抠。

最终，我们实现了操作系统四十秒完成在线加载，并同时提供内核黑匣子、支持热插拔、高精度定时器等多个电信级特性，成功打造了第一个公司级的电信 Linux 操作系统。之后，我们还针对数据库，联合厂商一起解决升级效率以及各种小概率出现的死机，终于按时通过技术评审。

一次次跌倒后再爬起来的“挣扎”，面对起起伏伏的质疑声，经历数百个日日夜夜、数百个平台兄弟姐妹的拼搏……第二代平台以其先进的技术架构，奠定了核心网产品技术竞争力的基础，服务于全球超过三十亿用户。

永远在线的秘密

2009 年，我们拿下一个个“山头”时，某领先运营商 C 发了一

无损升级攻关团队

个标书，其中一条可靠性要求，让我们无比震惊：升级无损，升级业务不能中断，不能影响已接续通话！

不可能！这是我们的第一反应。手机、电脑升级一个版本，都要重启，所有软件都要关闭，要好几分钟。现在运营商的要求就像电脑一边升级，一边还要继续播放电影。这怎么做得到？

作为设计部部长的我，感受到排山倒海般压力。我召集各方面专家成立了专门的无损升级攻关团队。

大家首先想到的方案，是使用双平面的方式升级，就是将系统划分两个平面，新旧两个软件版本同时跑，而不是一次性全局复位，节约中断时间。新旧版本切换仅仅需要一个指令，这样一来，业务中断只出现在切换这一瞬间，十秒以内。按这个方案，在现网运行的老版本不能动，必须在新版本上做文章。通信隔离，HA 分区，OM 支持……我们想办法实现了两个平面同时运行，相互不干扰。

但如何让已经接通的电话不中断？唯一的方法是将呼叫数据备份到新版本中。但每个版本的数据结构都在发生变化，在数以千计、万计的数据结构中，一个字节的差错，都可以导致难以挽回的错误。怎么办？人工比对？大家一筹莫展。

此时，平台专家老林提议，能否通过编译器的技术原理来进行解析和对比分析。对啊，真的可以！我突然想到，以前定位问题时经常要用到相同原理，我们马上找来编译器原理书籍来分析，并最终实现了自动对比方案。

2009 年底，我们在实验室完成了无损升级的关键原型。系统升级，所有呼叫不断话，新业务中断在五秒以内。2010 年 4 月 7 日，我们正式和客户签署商用合同，第一次实现在北美的突破。

我们要革自己的命吗？

2011 年，我成为核心网平台首席架构师。当时 IT 行业云计算已经兴起，我们敏锐地意识到这对电信 CT 也会产生革命性的影响。但公司内部也有不同声音：第二代平台竞争力仍遥遥领先，再开启新一代云化平台不仅需要大量投入，还面临失败的风险，我们真的要革自己的命吗？

在这充满迷雾的岔路口，我深感责任重大。我们的下一跳在哪里？要用什么样的架构？

在这种情况下，一方面，我们瞄准 KVM、OpenStack 等云化关键技术进行研究，另一方面，就云化积极和公司、客户去探索论证。

2012 年初，我们派出了一批专家，远赴公司瑞典研究所，进行平台云化架构技术研究。2012 年 5 月，我们与 V 运营商首次就云化进行沟通，我们的概念和架构得到客户的认可，他们当场表示，希望和我们做联合创新。2012 年 10 月，欧洲相关标准组织喊出了 NFV（网络功能虚拟化），这与我们的云化构想不谋而合。

我们调整方向，将技术研究版本转为正式的版本开发。然而，未知的难题更多了，架构先进性、成本、性能、可维护性等，每一个主题都要反复论证：是否为业界趋势？成本可控吗？运维可操作吗？

我经常整夜无眠，有时睡到三更半夜，突然想到一个好的点子，就赶紧爬起来写。就这样，与行业专家、产品架构师进行三十多次的讨论后，我们最终采取了最彻底的分层云化方案，完成 I/P 层分离架构、自动化部署等一系列关键方案和架构的突破。

NFV 业务研讨活动后合影

2013 年 3 月，我们和 V 运营商一起，完成了世界第一个云化 PoC（概念验证）；2014 年 10 月，全世界第一个基于 NFV 架构商用。之后，我们连续突破了北美、欧洲、中东等全世界多个顶级运营商。在新的时代，我们又站上行业之巅。

回望过去十多年，特别感激公司的宽容，让我们有机会在试错中成长，哪怕被摔得鼻青脸肿，骨子里的血性依旧，还能重新爬起来战斗，反败为胜。对我个人而言，能为核心网平台的发展出一份力，是我一生的光荣与梦想。

（文字编辑：江晓奕）

部分网友回复——

t00303115：

这种拼搏精神，值得学习。现在核心网急需转型，不能老看过去。老黄牛需要，更需要穿山甲！！

清雪：

从软交换的发展历程看，要建设产品的核心竞争力，跟友商拉开差距，还是要立足长远，不能局限于眼前这一城一池的得失。

平台老兵：

看着照片里面熟悉又很年轻的面孔，感觉又回到了那个热血沸腾的年代。

大硬币：

“别人问他干吗要这么拼命，他说，就是想着不能让平台在我们手里做没了。”——这就是在其位谋其政的责任心，不需要太多高大上的理由。

Sunny：

一代代产品的竞争力就是靠大家的不断拼搏、不断积累构筑起来的。从这篇文章也能看出公司 IPD 流程变革的伟大，带领公司从技术导向转向客户导向、商业导向，保障了产品正确的规划方向，确保了产品获得市场的成功。

机会在召唤着我们

作者：三　番

海外第一站：专享贴身保镖

我 1999 年应届毕业后加入华为，开始时做技术服务工程师，几乎一年都在国内出差，到处做维护，中间就回深圳几天。2001 年初，领导问我是不是可以去南非。我说给我十分钟考虑一下，就拿起电话给我爸打电话。我爸说，你自己决定，我没有意见。我想既然家人不反对，就去吧。接着就参加各种去海外之前的培训，差不多培训结束的时候，领导说，南非那边市场还没有拓展，暂时不去了，去阿尔及利亚吧。我就想终于可以出去看看了，就答应下来，也感觉终于可以自主决定自己的事情了，还挺激动的。

到阿尔及利亚，下了飞机，第一感觉是好土啊。但是随着车往市内开，感觉越来越好。因为阿尔及利亚被法国殖民过，到处都是异域风情，法国风格的建筑非常多。我感觉终于是来到国外了，完全不一样了，有一种好奇和兴奋。

当时我们在阿尔及利亚也没几个人，当地人和客户都说法语。公司对我们也没有销售额指标的要求。我们就是一点点努力去跟客

机会在
召唤着
我们
厚积薄发
HUAWEISTORY

户接触，认识客户。那时候客户完全没听说过华为，能不能见到客户完全不可控，如果运气好客户同意见面，我们就赶紧准备沟通材料。办事处当时没有行政平台，大家都自己解决吃饭问题，后来雇了一个本地大妈做饭，但做得奇难吃。我们回国就带一些调料过来，教大妈按中国的做法做菜，但口味还是不行。所以，兄弟们回来就看谁手快，赶紧炒个鸡蛋。

几个月后，我一个人去一个城市装一个局点MSC，算是一个实验局。一出机场，就有一个戴墨镜的保镖在等我。原来这里不太平，经常发生外国人被绑架的事。来这里的外国人，客户都要派保镖。从我早上出门到晚上回到酒店，他一直都跟着保护。虽然他不会说英语，但有些法语和英语发音有点像，再就靠比画，我们也能交流，两个人嘻嘻哈哈关系还挺好。有一次，我从机房回酒店，不远，走路大概二十分钟，刚走到一个市场附近，突然传来“哒哒哒”的声音，发现人们都四散奔逃，我没经历过，不知道这是枪声，一下愣在那里，懵了。保镖离我三四米，他一步跑上来，一把拽住我的胳膊把我拉到旁边的一个小卖部里，关上门，把我按蹲在墙角，然后掏出手枪守着。大约过了十来分钟，他一招手，示意我没事了。后来才知道，是离我们三十米的另一条街，有人持枪扫射。这次事件，当时只是觉得气氛比较紧张，事后回想起来其实挺危险。

后来我又去乍得做GSM交付。那时候公司在乍得人不多，整个项目组也只有四个人。乍得兄弟们闲得无聊在院子里追鸡的故事大家都知道。我经历的不是追鸡，是追孔雀。因为我们住的是前文化部长的房子，旁边就是总统家。房子是平房，有很大的院子，里面养了四只孔雀。每天早上孔雀会飞到房顶上，叫声和爪子抓东西的声音总把我们吵醒，我们就赶它们，到处赶，挺好玩的。

在乍得，有两个兄弟经历过一次被劫匪追击的危险事件。那次他们去站点机房，晚上收工很晚了，他们正往回赶，路上就遭遇劫匪追击，在后面开枪打，车后窗玻璃都被打了个洞，轮胎也被打爆一个，司机的胳膊被一颗子弹打中受伤，但是因为车好，是客户派的陆巡越野车，路面坑坑洼洼也得拼命开，劫匪没追上。回来后他们都拍了照片，真是心有余悸。后来我们规定在站点如果工作晚了，就不能再出来往回赶，直接在机房休息，第二天白天再回来。他们俩当时看站点条件太差了，根本没法休息，想赶夜路开六七个小时就可以回酒店，在车上也比机房舒服。很多安全措施，也是在实践和教训中逐步总结出来的。

当我们回顾这段历史的时候，我理解，当初公司号召大家雄赳赳气昂昂跨过太平洋时，对海外市场是没有什么认识的。把我们派到阿尔及利亚时，其实没有什么规划好的拓展方案，一切都是先干起来，摸着石头过河。这样如果能拓展开，就像是古代的将士开疆拓土一样，占下一小块地盘，还是挺有成就感的。

帮客户从养鸡场老板到成为当地首富

2003 年 3 月份我回国了，第二次出国是 2004 年 8 月。那时我从交付转到了行销，一个在北非的同事对我说来 E 国吧。

我问他："能去吗？"

"能去，这边挺好的。"

"真的好？"

"真挺好的。"

"安全呢？"

"我们在北部这边七八个人都没啥问题，这边人都挺好，客户也很好，你赶快来吧！"

我说行啊，那我就去吧。于是完成了培训后就外派，我被定向分去E国了。

那时候的E国市场，有大量的机会。我刚到的时候可能是命好，一下子让我对这个市场很有感觉，没几天就拿了几个订单。那时的客户也很好，A运营商的董事长，现在已经是当地首富了，那时还是养鸡场老板，是一个很和善的老头。我们到站点做勘测，他还自己开个皮卡送我们。

那时候真是痛并快乐着，项目来得快，商务很好，但交付全是问题，因为我们没有任何分包商基础，完全没有大的Turnkey（交钥匙工程）项目管理经验。加上项目经理也迟迟没到位，我有差不多三个月时间既是产品经理，又是交付项目经理。每周一三五开A地项目的会，二四六开B地项目的会。每天开会就被客户劈头盖脸地骂，因为有各种问题，我们交了很多学费，一步步和客户共同成长起来。

A运营商客户靠七百万美元起家，我们一直在全心全意帮他们，双方的认同感也很强。说起双方最早的缘分，还是从土耳其开始的。当时他们筹建的时候，先找的海尔，说你们中国家电这么好，那有没有做通信好点的公司？他们说："有啊，有个叫华为的不错。""你们认不认识华为在这边的人？""有啊……"我们当时在土耳其有办事处，他们就把消息传递给当时的代表，双方就开始接触。

当时发E国的货都要走陆路，很不方便，后来就全空运了。货到了我还要负责接货。要接货了，我背着包跑到机场，拿着一叠装箱单跟机场说我来清关，大家都认识，然后就进入机场。飞机大概还有十多分钟到，可以先坐着喝一杯茶。过一会儿，安22大运输机呼啸着下来，叉车出动，一箱一箱把货叉下来。然后，我按装箱单数箱子，数清楚，交关税。手续办完，打电话和办公室的人说货已经清完，你们叫货车来拉走。几个大平板车就过来了，叉车把货叉上板车再开走，一气呵成。A运营商客户在这种乱世里慢慢变强了，2003年12月份他第一次网络建成放号。我是2004年10月份去的，错过了那个情景。但是我们有一张照片，就是一群人挤在铁门外栅栏前，拿着钱等。客户那个办公楼，上面是机房，下面是半地下室，走台阶下来。那时候他没有营业厅，机房和办公室就是他的营业厅，一说放号人们老早就挤在铁栅栏门前等着买手机卡，真的是人山人海。刚开始的时候一张手机卡据说卖到一千美元，后来才逐步逐步降下来。

北部的网络发展很快，紧接着A运营商客户就开始做A地的项目。当时发了三张牌照，北部一张，中部一张，南部一张。2003年至2005年头两年政府说运营商你们各自建自己的区域，两年后你们可以相互进入其他地区。我们跟着A运营商迈向全国的步伐一起，一个项目一个项目做下来，一步步往全国走，全是我们支持他。现在客户在北部是绝对的老大，市场占有率估计有70%，全国市场占有率将近40%。

为了安全，家总要搬，车不能停

随着在 A 地的拓展，我们租了一栋别墅，办公住宿合一。那个区域有些外国公司，相当于是富人区，治安相对好一点，但也偶有外国公司被袭击。

有一次很危险，大概是在 2006 年的一天。以前 E 国是 4 点多一点下班，而袭击最高发的时间段是下午 6 点左右，万一下班稍微晚一点，路上再遇堵车，离家远点的人可能就被堵在路上，就有可能被袭击。当地员工也比较担心，办事处就决定提前到 3 点钟下班。

那天下午 3 点钟下班了，我们几个中国人留在宿舍。差不多 3：40 的时候来了四个人，开着一辆吉普车，说是保安部队的，在这边巡逻，口渴了到这里喝杯水。他们拿着枪就进来了。我们总共就两个保安，虽然也带枪，但是肯定不敢拦。好在下班以后我们都到楼上的宿舍去了，感觉不对，就待在楼上躲起来，没人出声。那帮人一看下面办公区确实没人，有人到楼上扫了一眼也没发现有人，没有多待就走了。过了半个小时又来了一辆车，问刚才是不是有些人跑到你们这里来巡查？保安告诉他们，那些人自称是安全部队的。对方说不对，他们是恐怖分子，我们才是安全部队。这下大家就傻了，确实被吓到了。

生命安全高于一切！所以当时决定，所有不必要留在 A 地的人全部撤回到北部，必须留下的中方人员全部搬到中国大使馆所在的宾馆。我们跟使馆在一起办公了一段时间，后来又重新找地方办公。在 A 地我们总结出来的经验就是：到哪儿都不要停，只要车开动着基本是安全的；炸弹是在人员密集的地方，它不会炸公路上跑的车，在公路上离军车远一点就好了。

有段时间我们在 A 地绿区正对面的巴勒斯坦酒店租了一层，连办公带住宿。酒店可以看到河对岸的绿区。酒店有十二层，被水泥路障包围起来。那段时间，恐怖分子会拿自制的迫击炮，从城外往绿区打，但老打不准，有时候会打到河这边来，河滩上时不时会飞过来一颗，冒起一团黑烟。有一次炸弹掉到了厨房外面，我们的厨师正在做饭，轰的一声响，浓烟滚滚，好在人都没事。

还有一次是在 2010 年发生的一起炸弹事件。还是那个巴勒斯坦酒店，这个酒店也是用钢筋水泥混凝土块围起来的。混凝土块大概三米高，一米多宽，半米厚，围一圈，外面是沿河的公路，我们就在临河边这一侧。这个酒店住了不少外国人，旁边不远就是通信部，路两头一般会有保安守着。但有一次，恐怖分子在外面放两枪，把保安“调虎离山”，开了一个皮卡进来，在我们酒店门口混凝土墙外搞自杀式爆炸，炸了个大坑，直径大概有两米，深一米。我在事发第二天飞到 A 地看望兄弟们，发现整个酒店与爆炸同侧的墙、玻璃没有一块是好的。当时整辆车都不见了，找到的最大零件就是车轮毂的钢圈。我们有员工受到气浪冲击，被掉下来的天花吊顶蹭伤，好在没有人出大问题。

那次真吓坏了，打那以后我们又开始换地方，搬了很多次家。每次都是办公和住宿在一起，避免人员来回流动，不管走路还是乘坐交通工具，一旦出事就是出大事。后来，我们也请了专业的保安公司来保障员工的安全。

当然，在 A 地有待了一年、一年多的，也有几个月就觉得完全待不下去的。因为除了见客户就是在院子里，只有这么点空间，还面临各种安全的压力。除了外部的压力，还有来自家庭的压力。很多人不敢告诉家人他在E国。我第一站是迪拜，就一直跟家人说我在迪拜，最后是有一年春节回家团聚喝酒喝多了说漏了，我哥知道了。几乎所有人都有这种经历，有说在约旦的，有说在土耳其的，有说在阿联酋的……员工压力很大，如果不能释放，那会被憋坏的。我们会主动帮助大家减压，一旦发现苗头不对，要么调到北部工作，实在不行就送到其他区工作。最后留下来的肯定是心理素质、主动意识都很强的人。

刚到E国的时候，因为业务相对简单，业务量也大，业绩做得比较好。经历了很多代表处后，大家都有一个共识，就是大环境不太好的地方，小环境的氛围会很好。外部客观条件比较艰苦，同事们就抱团取暖，相互认同感很强。因为大环境不好，去的家属也很少，大家平时上班在一起，下班也在一起，除了同事情谊还发展出兄弟情谊，关系很好，信任感和氛围感特别强。

我一直很怀念E国这段经历，是我人生一个难得的记忆。它使我从一名普通员工转变成担负一定责任的干部；使我从大学刚毕业不久、只管做事而不思考的学生，变成对未来、对事物有自己思考的人。古语说三十而立，我三十岁是在E国过的，这段时间算是我人生的转变和提升。

对父母的深深遗憾

其实在海外亏欠最多的就是对家庭。我父亲对我的态度就是你爱干啥就干啥，所以我一直在外面跑。我在国外加起来十三年多了，一直对家里的照顾太少……我妈是 2007 年走的，我爸是 2009 年走的。

当时我妈是在无锡走的，和我夫人在一起。一天，我夫人打电话跟我说你赶快回来，妈好像不行了。当时在 E 国都是小航空公司，不是每天都有航班，而且还不准点，结果飞到迪拜转机时晚点了，错过了下一航班，不能马上飞上海。我告诉夫人说误了飞机，明天才能飞。这时候我夫人才跟我说，妈其实已经走了，你必须想办法赶回来，明天是发丧的日子。我当时就懵了，她告诉我妈已经走了，告诉我就是回来扶灵的，当时我就一个人蹲在机场号啕大哭，真后悔没有早点请个假，甚至说早知道辞了这个工作，大不了不干了，回去陪陪老娘，让她在生命的最后这段时间还能看着我。我真的是很后悔。

我爸是一个很冷的人，在家里特别严肃，是绝对的严父，所以我跟他不亲热，但是大了以后有时候跟父亲聊天可以像两个朋友一样，敞开了谈。我妈走后我父亲精神特别压抑，一直住在我哥那里。他经常整天把自己关在屋里，最多去楼下散散步，上来就又关在屋里抽烟、看书、睡觉，后来身体一下子就垮了。两年后，父亲也走了。

我一直对父母抱有遗憾，甚至后悔当初为什么没有请假或者辞职回去陪老妈老爸。但后悔又有什么用呢，世界上没有后悔药，我只能一直向前，记着父母的恩情，留下这个遗憾。

（文字编辑：龚宏斌）

部分网友回复——

看看稻田：

看哭了。我也将去非洲了，最放心不下的就是爸妈，明显没有以前身体好了，多想回到小时候，哪怕多挨几次打，也要爸妈身体好好的。

像疯子一样去奋斗：

笑着笑着，就哭了，原来是长大了……

微风过竹凉吹发：

看到楼主在机场号啕大哭，很有场景感，挺心酸的。 每个人都有自己的价值观，也必须在许多矛盾中做出选择，人生就是这样，选择的同时也意味着放弃。 趁父母还在，多陪陪吧；离别了，也不要太心酸，今后儿女大了，作为父母而言，看到娃能够自强自立、幸福生活，也就安心快乐了。

不敢跑：

生活没有对错，只有合适或者不合适。做自己的选择，华为人都是好样的。

z00330279：

怀念伊拉克的日子，炸完后没多久去巴格达出差，据说由于爆炸冲击波太强，窗户玻璃全碎了，办事处很长一段时间都没有窗户玻璃，外面气温多少度，室内就多少度，外面沙尘暴，室内就灰蒙蒙，后来好不容易装上了窗户玻璃，买了空调，却因为巴格达的插座质量太差，带不动空调，一直持续了好几个月。但就是这样的环境，大家苦中作乐，乐观而向上。一起冲锋，一起思考，一起笑，一起哭，至今受益。

奋不斗的人：

经济下行，市场萎缩，为何华为还能发展这么好，其实就是这些拼搏的兄弟们打下的，唯一的遗憾应该也是兄弟们最大的痛，不容易，太不容易了。

在底格里斯河畔：

我很荣幸和潘队共事了四年多，留下了太多难忘的回忆，从潘队身上学到了项目分析、项目运作和客户关系拓展等方面的经验，受益不少。

100341706：

每一个华为老员工身上都有神奇的经历，不得不赞。经历这么多还能如此低调、乐观、奋斗，正是一批批华为员工的付出汇聚成华为滚滚向前的洪流。

跨越时空的梦想

作者：吕劲松

前两天看到一篇文章，这样写道："在遥远的蛮荒之地西伯利亚，在遍布险阻的非洲乞力马扎罗火山，在八千米之上的喜马拉雅山珠峰，在零下四十度的极寒南北极，在穷苦肆虐的非洲大地，抑或在巴黎、伦敦和悉尼等顶级商业中心，都遍布着华为的足迹。全球每天有超过二十亿人口用华为建设的网络接通电话，实现互联互通。"这段文字，令我感慨万千，让我想起自己在华为十八年的点点滴滴。

做中国自己的GSM

20 世纪 90 年代中后期，中国移动通讯正从 1G（模拟通信）向 2G 系统（GSM）演进。国内设备商纷纷开始 GSM 系统研发，Ericsson、Nokia、Motorola 等国外巨头，GSM 系统早已经成熟商用，我们被远远地抛在后面。

所谓无知者无畏。我们这一群热血的华为工程师，摩拳擦掌决心搞出中国人自己的 GSM。凭借模拟通信的开发经验，二十余名研发人员，开始艰难而快乐的 GSM 之旅。相比海外公司动辄五六百人的研发团队，二十余人的团队遇到的困难是显然的。当时定的目标

跨越时空的梦想

3G

2G

厚积薄发

HUAWEI STORY

非常有挑战性：1997 年年中打通电话，1997 年年底转产。这在当时几乎是不可能完成的任务，想想看仅 GSM 协议就有几十本，打印出来就是几米高，涉及基站、基站控制器、核心网交换机等，我们在这方面几乎是一张白纸。

记得当时我们每个人都有一本“红宝书”（GSM 移动通信原理），白天试验，晚上回去就看书学习。测试、看书，看书、测试……遇到不懂的，就找各路专家请教，或检索相关文档。开始我们坐在深圳科技园一号楼三层，后来座位不够不停搬家，最终搬到科技园三号楼。到 1998 年整个三号楼都是搞无线的。那时最强烈的感受是大家为了干出一番事业铆足了干劲，那样的氛围是我在研究所里没有体验过的。

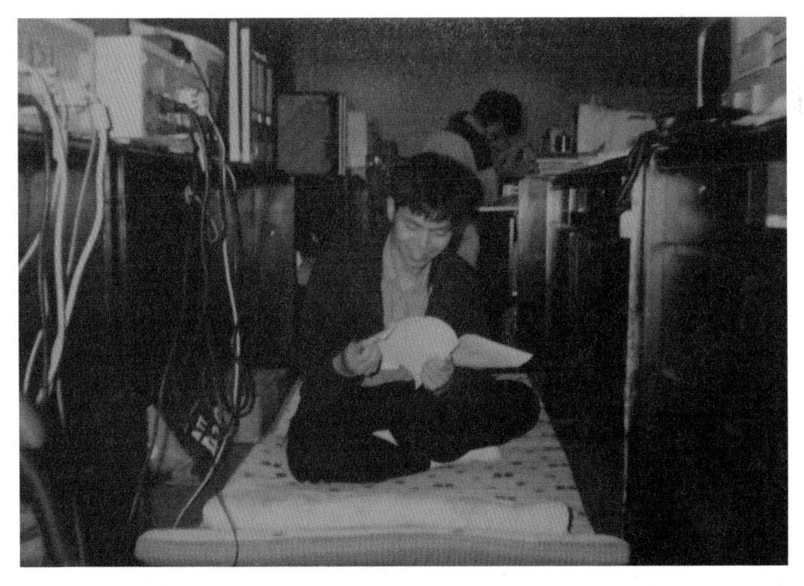

没有积累，没有经验，有的只是年轻人的热血和办公桌下的床垫

1997 年北京通信展会上华为 GSM 展台

随着新鲜血液的不断加入，人多起来了，干活的热情更加高涨。深圳很热，我们都光着膀子，也经常睡在实验室，早晨再去卫生间冲凉，接着干。当时大家也没有什么想法，就是一心想把事情做成、做好。那时一个人同时要做好多件事，对系统非常熟，与同事配合起来也得心应手，比如在 A 接口上根据来回的数字就能一眼判断是什么信令出了问题，甚至坐在办公室就能通过局域网监控实验室的测试情况，还能指出同事的程序中可能出现的问题和隐患。

经过一年多紧锣密鼓的封闭开发，时间到了 1997 年 9 月 5 日。那天晚上，大家在四楼东角的实验室不停地测试，虽然到了最后一个环节，但流程就是走不通，大家苦苦思索无果之后，浦刚找来蒋滔看看是不是数据配得有问题。俩人一看，数据的确配得有问题，修改后重新加载，电话竟然通了！虽然还有杂音，听得不清楚，但这确实是华为 GSM 第一个电话。大家很兴奋，夜里都没有睡好觉。第二天公司领导就到四楼实验室，祝贺 GSM 打通电话。

1997 年 11 月华为 GSM 全套产品参加北京通信展。在五星红旗下，“中国自己的 GSM”标语分外耀眼。各省运营商、各部委蜂拥而至，表示祝贺。紧接着，公司在人民大会堂发布全套 GSM 系统，标志着华为 GSM 正式商用。

一块板的创新

然而无线通信市场如“逆水行舟，不进则退”。2006 年，已经成为无线主力产品的 GSM，市场上遭遇一个又一个丢单，盈利能力急剧下滑。背后最根本的原因是我们的基站成本高，产品性能、可服务性不能满足高端市场要求。

随即，无线决定革自己的命，启动“GSM 新双密度载频模块”的开发，誓夺竞争力第一。这个目标是很有挑战性的，我作为该项目的系统设计负责人，压力非常大，心里一点底都没有。我知道，如果不做，肯定是死路一条，做，或许还有生的希望。

当时所有的 GSM 设备都是分散式的模块结构。也就是说，如果运营商要部署一个基站，需要在一个机柜内布放好多个模块——电源、功放、滤波器等，没有一个设备商有能力在一块单板上集成所有模块并保证指标要求。

如何提升我们 GSM 设备的竞争力？在无数次 PK 后，无线内部逐渐形成一致意见：必须用非同寻常的思维和策略去实现，如果按常规只在原有架构上优化修补肯定不行，必须进行架构创新，同时还需要从原计划的版本中吸取有益的经验教训。

架构创新的原则是“大道至简，简单就是竞争力”，只有把电路设计得简单，把客户有价值的特性提炼出来，把冗余的特性砍掉，瘦身再瘦身，才有可能实现目标。我们大胆地提出采用一块板设计方案的设想，把一个机柜“变成”一块板。

理想是丰满的，但现实是骨感的。如何实现“一块板”方案呢？答案是：简单、简单、再简单，能用一个电阻的地方绝不用两个，能合并的功能就合并，能取消的无用特性就取消，经过这一轮的优化、合并和删减，把“水分”榨干了不少。再通过多次的功放小型化、电源小型化，各个模块都在当时达到了极致的简单和小型化，终于

2007 年新双密度基站成为 GSM 反败为胜的利器

实现了梦寐以求的“一块板”方案。

当打开机柜后琳琅满目的模块群变成了清清爽爽的一块板，可以想象客户见到这样的产品是怎样一种爱不释手的感觉，也就不难理解为何新双密载频模块会成为无线首个盈利两百亿的产品。凭借这样强大的竞争力，我们首次突破了中国移动省会城市和直辖市，突破了德国O2运营商。华为无线终于从“农村”步入“中心城市”。

摘取皇冠上的明珠

GSM新双密度载频模块的成功并未让我们有一丝的懈怠，相反，初尝胜利的果实，更加坚定了我们要做“一流”产品的决心。

当时，有一个业界公认的技术难题：GSM多载波技术。2007年以前，全球GSM系统都是采用单载波技术。单载波技术的最大问题是扩载波时就需要增加新的载频模块、机柜空间、相应的供备电等，为运营商带来的是成本和费用的大幅增加。所以从运营商到设备商再到相关的高校、研究机构都想要研究开发GSM多载波系统。然而该技术就如通信王冠上的明珠，似乎遥不可及。

在正式立项研究之前，我们用了几个星期时间，把GSM的协议标准及相关提案细细地研究了几遍。在分析了协议标准规格、对照我们的能力之后，我不禁感慨：“成功的概率只有1%！”尽管如此，为了改变无线在2G时代起起伏伏的被动局面，实现从跟随到超越，2006年年中，产品线毅然决定全力突破GSM多载波技术。我被任命为该项目负责人，带领老唐、老朱、老邓以及俄罗斯研究所的专家，开始了GSM多载波技术预研。

果不出所料，项目一开始就陷入僵局，就像面对一个巨大的饼，无从下口，技术原理不支持，实践上更没有可供借鉴的对象。

我们开始在技术策略上进行调整，从一口气拿下，改变为分阶段实施，就像登山一样，一步一步去攀登。第一阶段先做小带宽的，试试水；第二阶段再扩展带宽；第三阶段设计成载频模块，进行系统指标测试。有了阶段性策略的调整，技术难关被一点一点攻克，经过大半年的努力，看似不可完成的任务，逐渐出现了丝丝曙光。但谁也没想到，更大的困难就在前面。

这么多年过后，我还清晰地记得攻克最后 10dB 那个炼狱般场景：

为了达到互调指标 70dB 的最终目标，我们已经在实验室里摸索测试了无数个昼夜。在离目标值 10dB 的时候，互调指标再也不肯往前半步。越接近目标，难度越大，而这种难度是呈几何级数递增的。这是互调指标的规律。谁也没有想到，这一困境竟持续长达四个月。每天在实验室里面重复忙碌一整天，毫无进展。晚上回家也琢磨着换个什么方案试试，好不容易蹦出一个火花，第二天满怀希望地一试，仍然不行。天天如此。“以前做项目，好歹有个起伏，只有这个项目，一直在低谷。”做功放的阿文忍不住感叹：“要么指标死活通不过，要么偶尔能通过，又不可复现。”

长时间止步不前，越来越大的挫败感不断侵蚀着团队的信心，对心理承受力是极大的考验。“看样子搞不下去了。”大家时不时会冒出这样的念头。作为项目领头人，我心里也越来越没底，但无论如何，不能让大家看到我自己的煎熬和压力，我对大家说得最多的还是：“我们再看看，还有什么方案可以试试？”开发代表朱尔霓是个开朗热情的小伙，他总是说：“想想爱迪生在实验电灯的时候，不也尝试了上千种材料吗？别人嘲笑他做无用功，他认为自己至少证明了这一千种材料是不适合的。”于是，大家又一头扎进去，看材料，看数据，一次次更改前向和反馈链路设计、优化功放设计，重新投板；一次次优化算法，再去验证测试；从一次次失败中找出差异数据，从数据比对中找出对最终指标的影响……

2007 年 7 月的某天晚上，命运之神终于向我们这一群坚韧、执拗的工程师打开了一扇门，在摆满了功放板的实验室里，频谱仪上终于出现了我们梦寐以求的结果，换两个再测，也通过了。那一刻最强烈的感觉，不是兴奋，而是——终于解脱了！一年多前，谁也没敢奢望有这一天。我们没有热血沸腾、没有击掌相庆，因为我和我的团队已经心血耗尽，每个人如虚脱了一般。

GSM 多载波技术，这一世界性难题的攻克，使我们真正站在业界前列。当时的我们并未完全料到，这发威力无穷的炮弹，为数年后风靡全球的无线 SingleRAN 解决方案奠定了极其关键的技术基础，既是对我司无线的贡献，也是对移动通信产业的贡献。

GSM 多载波项目团队

从追随到领先，步步为“赢”

GSM 多载波技术研制成功，就像获取到皇冠上的“明珠”一样，这使我们整个团队兴奋无比，但站在业界的前列，也面临更大的挑战和困惑，下一步的技术规划该如何走？这是摆在面前的问题，需要我们去回答。

在无线通信中，频率是最宝贵的资源，如何在有限的频谱资源上传输更多的数据，即“频谱效率”的提升，是整个无线通信产业永恒的驱动力。如何部署最简单最小巧的设备，提供更大的话务容量，是一直困扰运营商的一个问题。在无线内部红蓝军长达多年的多次 PK 中，我们逐渐在“最强大脑”的辩论中确定了领先的 4M 策略。所谓 4M，即 Multimate-carrier、Multi-RAT、MIMO、Multi-band 技术，即单制式的多载波技术，2G/3G/4G 等多制式融合技术（又称“多模”），多收发通道技术，多频段宽带技术，这四项关键技术可以让运营商无论是采用单制式还是多制式，都能达到最大的频谱效率。

2007 年 GSM 多载波技术是第一个 M，华为在 GSM 制式内首次实现多载波传输，极大地提升了 GSM 对频谱资源的利用率。随后，在一次次的思想碰撞和激辩中，产生了颠覆与极简的第二个 M 理念：在单个硬件模块内实现 2G+3G+4G 多个制式，相当于给运营商一块调色板，让他们可以自己去画想要的颜色（采用不同的通信制式）。而在 2M 技术研究的同时，也碰到了难得的市场机遇：恰逢欧洲部分运营商进行 GSM 设备网络改造的机会，客户提出了这样的需求：希望华为提供解决方案，能在 900M 频段上建一张网，初期支持 2G，后期通过软件升级到 3G。此时，我们已经先于客户需求做好了技术

4.5G 产业峰会启动仪式现场

储备，在 GSM 多载波技术上取得重大突破，无线产品线敏锐地捕捉到这个市场趋势和机会点，恰逢其时地提出了 SingleRAN 的无线大战略，自此，迎来了后续几年产品与解决方案的跨越式发展。

2011 年，我们做出了世界上带宽最宽、效率最高、体积最小的 RRU 平台，实现了第三个 M 的想法，在硬件和软件上竞争力做到了第一；2014 年实现了承载 4M 的多频段宽带平台，解决了天线和硬件数量越加越多的痛点问题，方便运营商在不同网络和频段之间的共建共享，再一次领先业界。

从 1M 到 4M，不仅仅是简单的阿拉伯数字的增长，这些看似晦涩的行业术语中蕴含着最简单的哲理：一切努力，只为从纷繁复杂的无线通信技术中抽丝剥茧，达成频谱效率最大化，在技术上一步步实现人们自由沟通的渴望。

为了跨越时空的梦想

回顾与华为无线一起走过的十八年，一次次执著地探索，一次次技术突破，从 GSM 的第一个电话，到新双密度载频模块开发，从多载波技术突破到 SingleRAN 解决方案，我们的工作也许很多人并不了解，但是，每当人们和远方的亲人通一个电话、跟爱人发起一个视频聊天、在朋友圈分享一张儿子的照片，这都有我们背后的努力。我们的工作让世界变成一个地球村，让人类突破了沟通局限。

如今，时光之剑已抵达 21 世纪第二个十年中期，5G、大数据、智能机器、高等机器学习、万物互联、VR 和 AR、云计算、智慧 XX 等新技术的发展将人类社会不断向前推进，人们渴望挣脱时空的束缚，走向万物互联。虽然目标遥远，路程艰辛，我相信，凭借我们对未来的洞察，对客户需求的理解，以及一代代华为人勇于挑战、持续创新的精神，我们必将实现跨越时空的梦想！

（文字编辑：龚宏斌）

部分网友回复——

看书是口号：

向 Fellow 致敬，向每一个专家致敬，你们都是无线的骄傲！

暮光：

有梦想才是人生。

爱如此难舍：

这样的文章总能成为支撑我坚持干下去的力量源泉。人生要干点儿有价值有意义的事。

噬魂：

向英雄们致敬，你们攻上并守住了上甘岭！

泥中血：

有在非洲丛林中历经枪林弹雨的惊心动魄，也有改变世界通信业历史进程的大气澎湃。

天河那些雨：

作为一名老无线人，回顾过往峥嵘岁月，心中无限感慨！华为无线，加油！

搬砖小兵：

入职以来读到最感人、最励志的文章，头一次看到领先世界的技术是怎么一步步从无到有、从跟随到领先的。专家的成长故事远比专家头顶的光环更励志！

| F1 骑行：

这篇文章好，说出了无线的荣耀背后的艰辛和努力，否则让人以为无线仅仅是靠“山寨”同时又赶上了通信大发展的时机呢。所有的成功，包括顺风顺水的成功，都是辛苦付出的结果。套用一句话，到了风口，猪都能飞起来，但首先你得是猪！

电话线上闹革命

作者：李　东

80 年代初，我家里装了电话，要打电话，必须先摘机接通话务员，告诉话务员接哪儿接哪儿，等一会儿，对方如果在线，就可以接通通话了。小时候的我，感觉电话很神奇，一直想拆开话筒看看里面是什么东西。

没想到，大学毕业后的我，却从事了与电话相关的工作，电话对我来说不再神秘。也许这就是缘分。

最初的梦想

1999 年，我进入华为交换机产品线，思想导师告诉我："进了华为，就是和一群有梦想的工程师一起工作。"

我问导师，华为人的梦想是什么？导师告诉我说，90 年代初的中国，通信设备市场主要被北电（加拿大著名电信设备供应商）、西门子、富士通、阿尔卡特等国外厂商占领，当时装一个电话光初装费就要好几千元，这对很多家庭来说都是一笔不小的开支。因此，华为从成立之初就立志要研发自己的通信设备，还要卖到海外去，为全世界的人们提供高质量的通信服务。导师的解释，让我热血沸腾，

电话线上的革命

厚积薄发

HUAWEISTORY

觉得自己加入了一支光荣而伟大的队伍。

梦想说起来可以雄心万丈，但做起来却无比艰难。

老鼠尿引发的疑案

没有积累，没有经验，没有人可以告诉我们该怎么做，我们有的只是激情和信念，当然也少不了成长的弯路和学费。

记得当时某地发生一起设备起火事故，我们的用户板异常烧毁，一线投诉，希望尽快解决。对于研发人员，只有找到根本原因才能解决问题。于是，大家在家里试图复现各种供电异常，但怎么也重现不了。一群人绞尽脑汁，多方排查，依然束手无策。

有人提议，不如把现网运行的设备拿回来看看有什么问题。这个想法得到大家的一致认可。设备拿到手后，我们反复琢磨，发现单板上有水流过的痕迹。大家围着设备脑洞大开，通信设备又不是空调，为何会有水痕？是不是有老鼠钻进机房，把尿撒在单板上了？

可是假设容易实现难，要复原现象，从哪里找只老鼠呢？大家找了点自来水尝试淋到单板上去，没有重现。这时，我的导师不知什么时候走出去了，过了一会儿，又回来了，带了一小瓶橙黄色的液体回来，说这就是老鼠尿。我不由大赞，想想还是师傅厉害，那么快就抓到一只老鼠。大家把黄色液体浇了一点上去，顿时一股噼噼啪啪的声音伴着火光，现象重现了！大家顿时一片欢腾，不顾异味，围上去看单板上的起火点。

这个问题引发了更深一层的思考，老鼠为什么会跑到通信设备里去撒尿？我们设备的运行环境是什么样的？

为此，我们的维护人员走访了各省市客户机房，才发现设备的运行环境远比想象的恶劣。

在城市，通信设备有专门的机房，但在农村，设备基本都放在条件简陋的民房里，旁边还常常堆着粮食、被子等杂物，民房旁边甚至就是猪圈。南方的冬天屋子里没有暖气，所以一到冬天，散发热量的通信设备机房就成了小动物们的“五星级酒店”，老鼠进去睡觉撒尿就不足为奇了。

除了老鼠，还有来自于其他因素的威胁。如安徽某地机房由于长期无人进出，都被鸟儿占领，筑了鸟巢；广西由于常年有雨水，房子里不仅阴暗潮湿，还有十厘米厚的淤泥；而在东北，甚至有大雪将我们的机房全都埋了……

我们研发人员就是不断去走访客户，解决问题。现在，华为的设备能经受住从沙漠到高原、从极寒到极热的各种考验，甚至能经受住常年水泡，也被人笑称为“可上九天揽月，可下五洋捉鳖”。

匈牙利著名摄影记者罗伯特·卡帕曾说过：“如果你的照片拍得还不够好，那是因为你离战火还不够近。”这场由一泡老鼠尿引发的疑案，教会我们工程师永远要贴近客户一线的道理。

农村的机房环境

近在咫尺的“雷公”“电母”

小时候，我们就知道，打雷天不能看电视，因为电视要通过屋顶的天线接收电视信号，一旦打雷电视就很容易损坏。

我们的通信设备也一样，用户板连接着成百上千对出局电话线，很容易遭受雷击的破坏。为验证用户板抗雷击能力，之前最传统的方式是把设备放在现网进行考验，我们为此专门绘制了一个全国的雷电分布图，在雷雨季节到来前，我们就把设备提前放到雷击高发区域，但这种方法验证周期太长，难以支持快速验证和改进。

雷击造成的设备瘫痪让大家头疼不已。有一次我看到维护经理杭炯在邮件里说道：“维护经理位置待久了，我特能理解前方和客户的心情。有时网上业务中断频繁，随时有瘫机的危险。面对大量的用户投诉，这种境况多一天都是令人窒息的。”

有一天在回家路上，车上的电台正在发布暴雨预警，我突然想，为什么我们不模拟雷击环境做测试呢？这样就可以把测试做充分，而不是等待暴风雨的发生。

于是，我们四处寻找模拟雷击的设备。在新用户板研发的时候，我们找厂家定制了可以模拟雷击电压的发生器，在实验室里装了几台，在每一个版本的硬件回来后，我们就用雷击发生器，反复做几百次的模拟雷击测试，检查用户板在反复雷击之后的各种故障现象。

记得 2001 年华为的用户板在铁通开始规模发货，一年就超过了两百万线，而我去生产线，看着成百上千的单板正在源源不断地流过，心里既自豪又担心，生怕再出现以前的可靠性问题。后来根据公司的统计，新用户板的雷击返还率显著减少。

黄金时代的第一步

2003 年，宽带接入的黄金时代来临了，从话音建设规模转入 DSL 宽带建设。我们琢磨，是不是可以用一块单板同时解决宽带和语音接入的需求呢？因此，Combo 卡应运而生。Combo 卡面世后，成为华为接入产品的王牌武器。我们以为这项研发工作已经凯旋，万万没想到万里长征才迈出第一步。

2004 年底，一个新的挑战来了：BT（英国电信）要建设基于 ALL-IP 架构的 21cn 网络，需要我们的综合接入设备 UA5000 支持 Combo 卡，但需要在相同尺寸下提升一倍密度才能满足 BT 的要求。看上去这是不可能完成的任务。

公司非常重视这个大 T 抛出来的橄榄枝，一线营销同事吴海宁当场就答应了下来。记得在回国前的那个早晨，我在伊普斯威奇（Ipswich，英国东部的一个城镇，即 BT 所在地）的公园里来回踱步，心里想着的是怎么回去向兄弟们解释：怎么就接了这么一个大活回来？

开弓没有回头箭！我们只能按照 32 线 Combo 卡的需求进行分解，选择了当时业界密度最高的芯片组进行设计。

研发进度非常紧张，大家经常在凌晨两三点才能回家，部门主管周劲林每次陪着战斗到最后一刻，还开车送我们回家。新员工小孙，由于家住得远，经常在公司打个地铺睡觉，第二天又早早开始干活了。我们一直劝他回家睡觉，他说他不想虚度光阴，只有做成了事才能放心回家睡觉。

项目的困难真有点超乎想象，做到一半时，我们突然发现选择的高密度芯片的内部空间资源出了问题，如果推倒重来，那整个项目完全失控，无法向客户交代。正在这关头，有人出了一招儿，芯片空间不够就覆盖原先的代码，到需要用原先的代码的时候，再从单板软件上面下载下来。方法虽好，可新问题又来了，单片机加载效率很低，加载一次要近十分钟，这是完全不能接受的。于是，我把负责这部分软件的同事找来，让他从底层汇编开始重构代码，尽管是突发的需求，他答应了。这就是华为人，不轻易说不。他很给力，两天后跑过来说只要两分钟了，我说还需要提高。又过了几天，他跑过来说现在只要一分钟了，我咬着牙说还要优化。就这样，最后他居然把这个加载时间优化到了四秒钟以内。听到四秒那一刻，我真的很感动，为这些同事。

达摩克利斯之剑

BT 对产品可靠性有非常严苛的要求：如果一年平均业务中断时间超过五分钟，华为必须为此承担高额的罚款。这个约束，犹如一把达摩克利斯之剑。

记得 2005 年的一天，在投板前做最后一轮硬件评审，我和肖瑞杰对着四十多条遗留的风险问题，一条条评估，能改的改，实在不能改的，只能现场拍板、承担风险。在搞定最后一个问题时，已经是第二天清晨，我们和周劲林一起去食堂吃早饭，心里还是感到很不踏实。老周看出了我的忐忑，安慰我说别担心，太阳会照样升起。说句心里话，在那个时刻，人特别需要鼓励。

就这样相互鼓励着，我们这些毛头小伙子把 Combo 卡做到了业界最高密度，成为突破 BT 大门的关键一脚。华为也从“备胎”转为主流供应商，为英国的上千万用户提供了可靠的固定宽带服务。

2015 年的一天，在英国一线同事的项目周报中，看到当年在 BT 部署的综合接入设备 UA5000，即将逐步被我们的下一代超宽带接入设备 MA5600T 替代时，我心里压了快十年的那块石头终于放下，那天中午和同事一起去吃了自助餐，算是对自己一个安慰和奖励。

从磐石里挤出水滴，铜线还能活一百年

通过电话线拨号上网是最早的互联网接入方式，但铜线的速度一直上不去。因此，前些年，“光进铜退”的声音一直不绝于耳。所谓光进铜退，就是说用光纤代替铜线。

但现实并非大家想得那么简单。虽然光纤的成本非常有吸引力，但运营商最痛苦的是光纤的布放，尤其是最后一段光纤的布放。

在欧洲很多国家，重新布放光纤，意味着要在风景优美的花园里挖沟，或者在受保护的传世古堡、名胜古迹里穿墙打洞，不仅成本非常高，而且安装时间很长，有些根本不可能实现。所以在很多地方，客户因为铺设光纤会破坏室内装修而拒绝光纤入户！相比而言，现成的铜线如果能够提速到媲美光纤的带宽，无疑是又快又省的好方法。

为此，华为从 2011 年开始投入新铜线 Vectoring（矢量化串扰抵消）的开发，希望电话线也能达到一百兆的传输速度。在当时，串扰抵消技术在业界还停留在理论研究阶段，华为也刚刚完成算法的积累。在产品的研发过程中，我们遭遇到了理论和实现之间的巨大鸿沟，要在稍纵即逝的五微秒内完成数以亿计的计算，即使使用了业界最先进工艺的 FPGA（大规模可编程逻辑）芯片，系统的功耗也

远远超过能承受的门限。研发的难度空前大，很多时候我们不断地优化设计，只是为了争取能减少几个纳秒或者节省几十毫瓦的功耗。加上市场进度的压力，项目组被压得整天喘不过气来。面对一个又一个不可能完成的任务，就如《亮剑》中李云龙所说“城门楼子是块难啃的骨头，老子就是崩了门牙，也要在鬼子的增援部队赶到前咬开它”。当时我和负责芯片的项目经理开玩笑说，要是东西做不出来，咱俩干脆打上一架，让公司把我们开除算了。说句心里话，那绝对是一种解脱，而且不会丢技术团队的脸。

天无绝人之路！华为人不是那么容易被打倒的。研发的兄弟们还是拼了，不断跨过一个个深沟险壑。在经历了无数次挫折后，2012 年春节前的一天晚上，我们在实验室里把一个刚刚编译出来的版本加载到系统上，然后启动。大家屏气凝神，架子上一排排 Modem（调制解调器）的灯在黑暗中开始有规律地闪烁。正在操作

2012 年与瑞士电信技术创新合作时的合影

系统后台的是项目经理张健，他突然大喊道："上来了，上来了！"大家一下子都冲到他的计算机前面，看到 Vectoring 端口的激活速率超过了 100Mbps（100 兆 / 秒），达到了理论值。实验室里顿时一片欢腾，很多同事激动地击掌相庆。随后几个月的工作同样布满激流险滩，不断遇到挫折，不断攻克难关，产品也一天天走向稳定。最后，我们的 Vectoring 产品以最高的性能和最大的容量，在 2012 年独家拿下了瑞士电信、英国电信以及爱尔兰电信等大客户的国家宽带提速项目，还以业界最大容量的矢量化 VDSL 设备在 2012 年 10 月获得了世界宽带论坛（BBWF）的最佳宽带设备大奖。

由于华为的技术突破，"光进铜退"的声音变成了"光进铜赢"，华为终于可以骄傲地向世界宣布：欧洲古堡里的人们也可以任性上网冲浪，铜线至少还可以再用一百年！

在瑞士人眼里，我们能做出治愈系的东西

热爱技术的人，常常希望在翻过一座高山后，会有更高的一座山在等着他，虽然会有痛苦，但也让人兴奋。铜线百兆带宽的鸿沟刚刚被跨越，我们又朝着千兆带宽的目标前进。在龙国柱博士带领下，预研团队仅用一年时间，突破一系列的技术挑战，于 2011 年自研出了原型机，并在一对铜线上，近距离内实现了 1000Mbps 的带宽。

这个样机很快引起欧洲运营商的强烈兴趣，瑞士电信在瑞士中部的 Riggisberg（里吉斯贝格）建立了样板点，邀请了欧洲各个国家的监管机构和政府参观，大大地改变了当时主流运营商对于铜线带宽潜力的认识。在随后的国际电信联盟会议中，基于华为样机里的关键技术，大会重新定义了新一代的铜线接入标准——G.Fast。

在瑞士的安装现场

样机之后的产品开发更具挑战。在瑞士，我们的一体化设备要靠近最终用户，就必须部署在城市和乡村的地下管道井中，春天融化的雪水会流入管道井，把我们的设备浸没几周，但设备仍需要持续稳定地工作，而且要持续工作二十年以上！

2013 年初我们去瑞士调研安装环境，其中的一个人井就在山脚下的草场里，当我跳下井去看设备安装环境时，旁边的一头奶牛好奇地凑了过来，看着井下的我，似乎不屑地摇了摇头，脖子下的牛铃铛就叮叮当当地响起来，那样子似乎在说："你们真的打算这么做吗？"

经过两年努力，2015 年在瑞士北部一个风光优美的小镇 Bibern（比伯恩），瑞士电信成为全球第一个开通 G.Fast 的用户。Bibern 小镇是一座由群山、森林、河流和湖泊环绕的美丽村落，有两百多户居民住在这里，享受着大自然赐予他们的宁静与幸福。然而美中不足的是，这里无线信号基本没有，宽带慢得令人发愁。

我们通过新铜线千兆技术，帮助瑞士电信在这里开通了超高清业务，用事实证明铜线同样可以实现媲美光纤的速度。当地的居民握着去现场参加开通仪式的同事的手，不停地说感谢。瑞士电信的副总裁 Markus 在给体验用户颁发"世界第一个 G.Fast 用户"的证书

瑞士电信给世界第一个 G.Fast 用户颁发证书

后说："特别感谢华为，你们所做的工作非常出色，正是你们在巨大的压力下坚持不懈地努力付出，不断优化完善方案，最终使得我们能够站在这里，向全世界展示下一代宽带，展示瑞士电信 G.fast 方案的第一个现实商用。"

瑞士业务开通的当天，我们的同事 Vivian 同样感动和自豪，她说："这个世界上，总有一些人，一些事，是美好到令人落泪的，是属于治愈系的，为他们服务，真好。"

富兰克林曾说："唯坚韧者始能遂其志。"回顾在华为的十七年，围绕一根电话线，从窄带语音开始做起，到几兆带宽的 ADSL，再到 Vectoring VDSL，以及迈入千兆带宽门槛的 G.Fast 技术，我们不断丰富了全世界各地人们的沟通与生活。在公司取得商业成功的同时，个人也收获满满。回首最初的梦想，就如歌里唱的那样："最初的梦想，紧握在手上，实现了真的渴望，才能够算到过了天堂。"

（文字编辑：龚宏斌）

部分网友回复——

逆光的粒粒橙：

认识李东专家是从 2008 年的奋斗贡献表彰大会开始，当时自己还是刚入职的新兵蛋子，还在感慨这些前辈好厉害，转眼间已经八年了。研发专家的务实精神从那时候就让我深深感动，在不同的岗位上都有艰苦奋斗，也只有这样的精神，才能成就这样伟大的事业。

Dexter：

越发觉得技术不可限量了，我们在不断创造新技术的同时，是否也可以扎实地反思一下，老的技术是否还有巨大的提升空间？

高级砖家：

接入网可歌可泣的历史很多，记得有兄弟讲过一个在猪圈里面定位 HONET 问题，被凌晨提刀的屠夫吓尿了的故事，也甚是有趣。

HWMUSA：

为技术的创新者、领域的开拓者点赞！曾经身处其中，看到过程中的点点滴滴，只有感动！

我是来回帖的：

激动人心，原来华为还有这么多攻克技术难关的奋斗史，华为的自豪感顿时就“嗖嗖嗖”地上升啊！

虹海：

当年一块坏件，是大蟒蛇捣的蛋！

岁月流逝我不自知：

感谢这些积极奋进的同事，为公司、为祖国争得荣誉。为你们鼓掌！

一“线”天机

作者：周桃园

2010 年 8 月，我被任命为天馈业务部部长，当时真是“压力山大”。

天线业务已经连续三年因网上质量问题而发生大规模整改，客户满意度很低，市场一线甚至私下调侃说“珍爱生命，远离天线”，因为卖出去的天线一旦出了问题，不仅给他们带来额外的工作，还会影响其他产品的品牌。在一次业务决策会议上，公司领导严厉地说，最后再给你们三年时间，如果还没有根本改变，就解散天馈业务和团队。

我们只能背水一战：要么不做，要么就做最好。我们必须证明自己。

决定做single天线

我们意识到，天线已经错过了 3G，不能再错过 4G。2010 年，LTE 开始起步，友商正在为 LTE 储备三频天线技术，我们该如何弯道超车？跟随，永远无法超越，必须要通过创新提升产品竞争力。

恰在此时，无线基站产品提出“五频三模”的 SingleRAN 方案。相应的，未来的天线也必须把原来的多面单频天线集成到一面

华为的球面近场测试系统

天线中，实现一面天线支持多频的功能。于是，我们提出在2013年一面天线要支持五频三制式，即支持800MHz/900MHz/1800MHz/2100MHz/2600MHz五个频段，GSM/UMTS/LTE三种通信制式，取名为Single天线。

阿姆斯特丹上空的华为Single天线

“绝不做苟且方案”

2011年9月，公司正式启动Single多频天线的开发。如果说单频天线是长江上游的支流，那么Single多频天线是就长江，奔腾的支流江水（信号）汇入长江，最后奔向茫茫大海。

Single多频天线与单频天线相比，其开发难度呈几何级上升，产品架构的设计是第一个拦路虎。最初我们提出两个架构方案：一是把多个频段上下堆叠——这个方案技术难度低，开发速度快，但是性能相比单频天线总和变差；二是把多个频段左右延伸——这个方案技术难度也不大，性能与单频天线总和相当，但是天线尺寸大，部署困难。我对这两个方案都不满意，因为它们满足不了客户需求，客户普遍要求Single多频天线性能不下降、部署难度不增加。最后大家达成共识：绝不做苟且方案。我们必须有一个更好的架构，确保Single多频天线：扩频不降性能，增频不增尺寸，加端口不加重量。

设计团队重新梳理思路，最后提出一个SBS（肩并肩）方案，类似于三峡大坝，分多个出水口，彼此之间隔离，提升水流速度。这是一个非常大胆的设计。

2011年11月，我们吹响集结号，由现架设部部长"老"肖担任小组长，在三个月内论证SBS方案的可行性。

做单频天线开发，因为有经验可借鉴，可以直接做样机开发，但做多频天线，必须先做网络仿真再做样机。于是"老"肖找到性能部专家张博士和Nix，张博士团队在上海，Nix团队在西安。当时深圳还没有大型仿真设备，需要深圳团队根据天线架构输出天线参数，传给上海和西安，作为网络仿真的输入。一个网络模型仿真一次需要一周时间。为保证仿真结果的准确性，任何参数的调整都要重来一遍仿真，工作量非常大，因此，每一个人都要非常有耐心，把每一个细节都要讨论透。"老"肖更是把一周分成几段，上海两天、西安两天、深圳两天，利用晚上时间赶乘飞机。三个月之后，十份完整的仿真数据呈现在大伙儿面前，上海团队与西安团队的仿真结果完全一致，SBS架构完全可行，其性能比上下堆叠方案提升15%以上，宽度及重量不增加部署难度。前方的路终于被照亮！

"偏偏不信邪"

天线对无源互调的要求非常高，无源互调的输出要求小到如两个地球相碰撞，却只能产生不超过黄豆粒那么大的碎片。而NASA（美国国家航空航天局）在20世纪发现，在卫星通信中，在射频通道的任何一个金属连接界面上，不同的金属材料、不同的镀层甚至氧化程度和粗糙度的微小差异，在不同的接触压力下、不同的电流密度和不同的频率下产生的互调响应都是不同的。温度、湿度等各种非人力因素也会影响到天线无源互调指标。

无源互调被业界普遍认为是天线行业的门槛，也是国外友商长期占据的技术制高点。由于 Single 多频天线内部连接点比单频天线多，装配更复杂，可能引起传输非线性的互调源更多，任何一个微小的非线性干扰源都可能产生互调信号。我们必须解决无源互调问题。

负责挑战这个问题的是老郭。他做的第一件事情，就是把故障天线拉出来反复敲打，开展海量测试和试验，收集了很多数据，但只是找出了规律，却找不到问题的根本原因，所以无法给出解决方案。老郭一次在阅读一本关于卫星通信互调的书籍时，突然意识到书里有很多基础理论的阐述对项目有用，于是专程飞到西班牙瓦伦西亚大学（Universidad de Valencia）和作者进行了一天的交流。这次交流为后续攻关奠定了重要的理论基础。

夜以继日的攻关开始了。螺钉是影响互调指标的一个关键部件，在天线上，螺钉不仅仅是一个紧固件，更是射频通道的一个功能件。在研究螺钉的紧固力矩过程中，我们遭遇了一系列问题：紧固力矩过大是否会造成连接件和紧固系统本身的塑性变形甚至是蠕变？如何在整个产品的设计生命周期内稳定保持这个压力？什么样的紧固工具可以满足这样苛刻的力矩输出要求？不同的金属连接界面的交叉类型很多，无源互调响应如何测试？没有商品化的标准件测试工具怎么办？……

很多人质疑华为能不能解决好无源互调问题，但老郭偏偏不信邪。为解决这些问题，他带领技术团队自制了大量的测试工具，收获了大量专利和特有技术秘密。但这样还是远远不能满足产品开发和交付的进度要求。为了赶进度，我们不能单打独斗，必须“一杯

研发团队工作现场

咖啡吸取宇宙的能量”，与业界专家、研究 PIM 的国际机构、上下游的材料和测试技术公司开展广泛的技术合作，从设计、材料选择、测试、工艺等多个方向努力，一步步地取得了突破。为解决焊接对无源互调的影响，我们聘请国际知名的焊接专家 Armin Rahn 博士连续三年指导我们进行焊接技术攻关。每一个微小的技术难点都不放过，两千多个日日夜夜，我们携手跨越了无数个技术难关。

千锤百炼只为一根线

如果说单频天线是一条平静的小河，多频天线就是多条河流交汇，流向错综复杂，暗流涌动。一条小船在小河中可以安全航行，在暗流涌动的大河中就很容易翻船。

以前在单频天线中使用良好的电缆，在 Single 多频天线中，对天线内部电磁环境形成了强烈的电磁干扰，把电缆动一动、弯一下就会导致用户电话噪声、掉线等异常。

天线电缆的电磁干扰是一门电缆和电磁的交叉学科，业界没有太多成熟研究。电缆专家与电磁屏蔽相关专家专门针对天线内部电磁场进行仿真分析，并把电缆详细解剖，最后认为必须改善屏蔽层结构。为了重新设计电缆的屏蔽层结构，反复验证了二层屏蔽、三层屏蔽和多层屏蔽，持续了几个月，结果还是存在信号干扰，都没有理想的结果。

有一次，部门正在开生日会、吃蛋糕，电缆连接器专家小方发现水果奶油蛋糕是一层一层叠加后粘在一起的，又有蛋糕又有奶油又有水果复合在一起。他突然联想到电缆的多层屏结构，为什么不把多层的屏蔽结构复合在一起，做成薄薄的一整层呢？他放下蛋糕叫了人赶紧跑到供应商现场，开展设计、试制和测试，样品测试结果出乎意料的好，于是安排批量生产，等把生产出来的电缆装入到天线中后，居然有一半的天线由于电缆问题导致指标不达标。小方连夜赶到现场开展分析，发现复合屏蔽层的电缆在量产过程中因切面不平整产生屏蔽层散开，直接影响性能指标。

就要过年了，大家一头扎进供应商生产线，和生产线工人一起对每道工序逐一改进：为解决复合屏蔽层剥线时产生散开的情况，我们帮供应商设计了专用的切割工具；为了避免金属粉尘混入电缆，与供应商讨论重新设计规划了生产线和工位安排。两个月后，电缆导致的多频天线电磁干扰问题降低为零。

前后历时九个多月的攻关，迭代验证了八种电缆结构方案，修改优化了十八个版本，制定、完善十四道加工工序，申请了两项发明专利、两项实用新型专利。

坚持比别人多前进一步

2012 年初，看到网上返回的天线外部模块的喷涂层有轻微起泡，我就去找在材料领域做了三十多年的胡博士。胡博士说涂层有轻微起泡，在天线使用寿命期限内铝合金盒子也不会被“攻破”，不会影响模块里面的器件正常工作。但是为了增强产品的品质感和健壮性，打消客户疑虑，胡博士认为还是要解决这个问题。

为了让产品有更健壮的“体格”，找到一种适应各种气候和使用场景的方案，材料实验室的科学家们一直在潜心研究与腐蚀相关的材料工艺和应用场景。从 2010 年开始，专家们开展实地勘测，调查产品应用场景和腐蚀现状：从极寒的俄罗斯、芬兰，到极热的苏丹、尼日利亚；从高湿度的新加坡、马来西亚，到沙尘漫天的埃及、科威特；从高盐分的秘鲁、斯里兰卡等海洋国家，到高硫分的阿拉伯石油国家，两年下来累计去了三十多个国家，总计两千多个典型站点。分析凝结的露水、堆积的雪、空调外机的水汽、化工厂的烟尘和污水腐蚀速度的影响和原理，甚至分析了海鸟的粪便、蚂蚁的唾液。我们还在海南专门找了一个盐分最重的地方开辟了一个观测站，放了很多样品，定期去查看腐蚀情况。

针对铝合金腐蚀的问题，专家们通过近三个月的检测、分析和讨论，初步判断如果改善材料中微量元素 X、Y 的含量比例，会较好提升防腐蚀能力，但是合金中各种元素的配比，对材料的防腐蚀性能、加工成型性能、散热性能、机械强度等都有影响。现有的材料配比经过长期改良，目前已经是行业标准材料。没有十全十美的材料，但如何合理平衡配比，取其所长就异常困难。

专家组基于分析，提出了优化的合金配方。胡博士和供应商的工艺工程师李师傅进行合作，胡博士和李师傅一头扎进铸造车间，进行改模、试模。深圳的夏天，室外温度有三十多度，车间里面接近五十度，一进车间如蒸桑拿，胡博士和李师傅连续三个多月在现场不断实验和改进。配比验证的过程很艰辛，腐蚀性能提升了，散热又差了；散热解决了，但强度不过关，就是找不到平衡点。三个月后，专家组终于验证了优化后的配方能使防腐性能提升四倍，但材料流动性尚显不佳，零件粘在模具里，不容易脱出来。胡博士建议，在优化模具设计的同时建议改变 A、B 元素比例，以改善脱模性并提升金属液的流动性。李师傅认为这个方案与传统压铸工艺很不一样。但碍于胡博士的面子，李师傅还是去试了。试了一次后发现，脱模现象真的有明显改观，再调整了几次，接近完美，李师傅很是兴奋。

为了新配方、新工艺能够应用到不同类型的产品，又历时十一个月，在不同产品做了两百多次压铸及验证，最终固化了性能和材料配比上的平衡点；把抗腐蚀性能提升四倍，散热能力提升 30%，成型能力也更好，真正创造了一种新型铝合金材料。

给天线瘦身整容

2012 年，我们定下了 AAU 减体积、降重量的目标：天线罩重量减少 1/3，天线厚度降低 1/3；为此成立了两个攻关组，天线罩减重攻关组由结构专家张博士负责，天线厚度降低攻关组由德国研究所外籍专家 Stefan 负责。

把天线厚度降低 1/3，就好比把“国字脸”整成“锥子脸”，是一个大整容手术。Stefan 接到这个任务后，一直苦思冥想解决之道，一杯接一杯地喝咖啡。在一次方案研讨时，Stefan 问大家，为什么电视机能越来越薄？大家回答说是因为显示屏从 CRT 变成了液晶。这时大家意识到，要把天线厚度降低 1/3，仅仅靠结构布局的优化是很难实现的，必须启用新的技术。解决思路越来越清晰了，Stefan 团队把影响天线厚度的关键因素识别出来，创新性地提出了把天线辐射单元高度降低 1/3 的低剖面架构。这次探索是在“无人区”，没有任何指引，唯有自己一点一滴去摸索。

按照新思路做出了样机，但测试效果非常差，Stefan 等外籍专家没有放弃，坚信方向是对的，于是从头再来，把仿真模型与实物一点一点对比，经过近五个月的对比分析，终于找到了根因。

天线的外罩是天线的“盔甲”，要保护天线在大风、暴雨、暴晒、低温等极端环境下安然无恙，同时又不能影响天线的信号，保障其良好的电磁性能。传统天线罩是玻璃钢制成的，防护性能和电磁性能都很好，但是偏重。我们需要找到一种强度、电磁性能和玻璃钢一样好，但是重量更轻的材料。黎工是高分子材料的技术带头人，他先将目前所有的塑胶原料性能与我们的要求进行对比，发现没有一种材料能够满足我们设想的轻型天线罩材料的要求。黎工拜访了几家国内外领先的高分子材料研究机构和装备厂家，通过交流和评估，一致认为可以以一种原料为基础，调制出新的材料实现轻型天线罩，但要解决很多专业问题才行。于是，“2012 实验室”决定与几个合作伙伴联合开发这种轻型天线罩材料和工艺。在达成合作意向后，黎工与各领域专家马上投入开发。在材料实验室反复研究材料和加工性能，以一种原材料为基础，通过调整塑胶原料和各种添加剂配比，改善性能和加工特性，不断进行测试和优化。这个过程很像在家里“和面”，需要不断调整面粉、酵母、水、油、盐的配比，努力做出一碗大家都喜欢的面。

经过一年半的努力，这种轻质新型天线罩原材料被研发出来了，但要把新材料做成天线罩又是一个挑战。

在试模的过程中，天线罩生产不是很顺畅，花了两个星期才完成初样。样品一到手，张博士就把半圆形的天线罩放在地上，直接踩踏上去，天线罩瞬间被碾平，起身后立马回弹，没有任何损坏。大家很振奋。测试部针对样品进行了大量专业试验，却发现在低温冲击试验时存在问题，还需要改善加工工艺。张博士和黎工专门跑到厂家现场。厂家的李博士反馈说，大量产品有凹凸、暗线和填充不足的问题。张博士和黎工马上在现场进行了分析，采取了冷却、褪火、修模等一系列措施，并驻守在机器旁落实改进，一直盯着模具出口处，希望天线罩能顺利产出。令人兴奋的是，外观良好、尺

一个人就能轻松举起的天线——Easy Macro

寸合格的轻质新型天线罩，正如大家期盼的效果一样呈现了出来。经过一周持续产出验证，新型天线罩可以达到稳定生产的状态，同时其在低温冲击试验中性能显著提升，完全满足产品使用要求。

天下无难事，只怕有心人。华为 AAU 持续减重、缩小体积，产品能力已获得客户广泛认可，现已在全球规模部署，2015 年累计发货超过十万件。

更长久地活下去

经历过，才能深刻理解活下去的含义。围绕客户需求，坚持创新，提供高品质产品和解决方案，持续给客户创造价值，是我们能够活下去的原因：

2011 年，提出 Single 多频天线，围绕网络性能设计天线；

2012 年，推出全系列 Single 天线解决方案和业界首个 Beamforming AAU ；

2013 年，率先推出 EasyRET 解决方案和 SBS 天线架构，引领天线行业；

2013 年，率先推出 800/900MHz 分频 5 频天线，增频不增尺寸，突破 LTE 部署的天面瓶颈；

2013 年，率先推出 FA/D 3D 电调天线商用产品，突破 TD-LTE 网络部署的天面瓶颈；

2014 年，率先推出全球首款超宽频劈裂天线，开启了 6 扇区大规模商用时代；

2015 年，率先发布 G/D/P 系列平台和 AAU3961，突破 4.5G 网络部署的天面瓶颈；

第四届全球天线暨 AAU 峰会（意大利罗马）

华为联合沃达丰、德国电信、法国电信和西班牙电信发布《“天线 2020”白皮书》

2015年年中天馈业务部全员宣讲暨跨越双十攻关表彰大会

2015年，无源天线实现行业第一的历史超越——AAU发货过十万，开启规模商用时代；

2016年，率先推出实现9扇区劈裂天线、6频4.5G天线的商用；

2016年，率先完成Massive MIMO外场测试，开启5G技术；

2014—2016年间，凭借在天线领域创新，华为连续四次获得全球通信商业（GTB）大奖。

这六年，我们没有辜负期望，活了下来。今后，我们还要更长久地活下去!

（文字编辑：龚宏斌　张　钊）

心声社区
华为人的沟通家园

部分网友回复——

荆轲的偶像：

创业之路很艰辛，守业更比创业难。作为新人，我辈要以前辈为楷模，不仅要守好打下的江山，还要再接再厉，开疆拓土，把天馈这辆坦克开到世界各地。

霹雳火：

从一线来看，2010 年之前，我们在向运营商推介华为天线的时候确实不太有底气；2012 年之后，形势直接翻转了过来，运营商的无线部门，特别是到访过“巴展”和华为总部的主管，一个个都主动问华为天线。拓展成效事半功倍。

巨大的转变在两年左右完成，产品线弯道超车，非常给力，也充分验证了质量、体验和竞争力是产品立身之本。

人月神话：

“疾风然后知劲草，盘根错节然后辨利器”，这是一个涅槃的故事，给每个还在盘根错节中的业务带来鼓舞。

z00330356：

研究生时期和一位老专家一起搞 CDMA 领域的全向天线设计项目，对天线领域的理论、设计、制造、仿真、验证、调测等各个环节的难度都深有体会。这是一个理论和经验并重、需要长期积累、需要极大耐心的领域。没有一群“板凳坐得十年冷”的人，没有战略上的支撑是很难实现的。华为不仅需要这样的精神和力量，中国也需要这样的精神和力量！

100341102：

置之死地而后生，功夫不负有心人！我们经常会遇到各种常理下看似无法逾越的困难。是选择退却，还是通过创新来进攻？让自己没有退路，才能在技术和市场上赢得坦途！

ZWX391625：

这篇文章让我真正明白了搞研发不是一个人的事，而是团队协作、集思广益、不断失败又不断尝试的过程，一个人的力量真的太微小了。

制高点的较量

作者：戴喜增

曾经仰望的神

2008年10月，我踏上了第一次出国参会的旅程。一切都很新奇。

会议地点位于英国爱丁堡郊区安捷伦的工厂，会场像个教室，坐满了金黄头发的洋人，前面坐着主席和秘书，大家很有秩序地举手发言，相互间传递全场唯一的一个无线麦克风。

听了一会儿，发现其实近百人的会场，经常发言的就几个人。E公司和N公司代表人数众多，都是十多人的团队。E公司的人有王者之气，词锋犀利，胸有成竹，每每讨论到关键问题，会讲“我们公司已经有了详细的研究，你们等着看结果吧”。N公司的人和E公司差不多，也很自信、牛气。

会上还有一个人让我特别关注，Q公司的标准代表。Q公司只有他这一位代表，但是他却覆盖了所有议题，花白的头发，一双锐利的眼睛躲在镜片后面，说话很轻，总是慢条斯理的。经常在休息的时候看到他独坐在那里，其他公司的人会陆陆续续地找他探讨。他还有个特点，总是让别人先说，不急于表达自己的观点，也不忙着提问，但是一旦他抛出问题，整个讨论都有可能需要重新进行。对

制高点的较量

会场一瞥

于第一次踏入会场的我来说，这简直是神一样的人物。

就是这样一群人构成了这个标准组织：有着明确而成熟的规则和流程，所有的标准代表都依照流程，提交文稿、争论、妥协、最终达成一致意见，进而推动无线通信技术的进步。

菜鸟的煎熬

华为刚刚进入这个成熟的社区，困难很多，也可以说：融不进去。

第一关，居然是语言关。那时候，我们这些标准代表多是国内大学毕业的，没留过学喝过洋墨水，虽然学了二十多年的英语，读写还马马虎虎，但真正要靠英语来交流，并不容易。那些外国公司的代表，来自世界各地，操着各种口音，每个人还有不同的表达习惯，英语也不标准，一开始没适应，要听懂他们说了什么，还真得下点功夫。

技术上也有差距。还记得一次会议中，碰到某个公司的代表，他跟我说："你这篇提案，是我到目前为止读到你写得最好的一个。"当时，我还真以为他是在夸我，但接下来，他就开始了点评，说这个有问题、那个也有问题，结论就是其实也不怎么样，他前面的夸奖就是为了后面的批评做铺垫。当时我挺受打击的，但现在回想起来，当时我们的确就这水平。

上面这些其实都不是最关键的，当时最令人沮丧、最受打击的是"不受关注"，按现在流行的说法，就是没有存在感。别人无论是宣读个文稿，还是表达个观点，都会引发大家热烈讨论。而等我们宣读完文稿，总是一片安静，没有任何人回应或提问。在茶歇的时候，外国公司的代表会三三两两聚在一起，热烈地讨论着什么，而我们则被冷落在一边，被无视，仿佛我们属于另外一个隔绝的世界。没经历过的人，很难想象那种煎熬。我们就像永远考不及格的"学渣"，远远地望着这些"学霸"欢快自如地交流，而我们只能旁观，甚至走路都要贴着墙边走，谈不上有自信，更谈不上在标准上掌握话语权了。

但我们知道，我们不甘于这样被无视。华为要想在通信领域建立影响力，走向世界，在标准上建立影响力是必经之路。我们这些人必须过这关，打进这个组织，融入这个组织，其中没有捷径，只有内外兼修。内功就是技术实力，在标准这场没有硝烟的"战争"中，要取得胜利，就必须拿出实实在在的创新技术来，这是硬功夫。外功就是标准推动，光有好的东西还是不够的，还要能够在国际标准上推销出去，为整个产业所接受和广泛使用。

与“差不多”决裂

为了快速提升内功，早日融入标准组织，快速构建技术能力，公司从2008年起加大了对3GPP标准（由国际无线通信标准化组织发起）的投入，部门来了好多具有丰富研究和标准经验的技术专家。与这些“明白人”一起工作，我们这些标准“菜鸟”不仅在技术层面得到了提升，而且在意识层面也得到了升华，做事更认真、更严谨。

工欲善其事，必先利其器。提升技术的第一步，是从建设一个足够强大的仿真平台开始的。就像设计飞机，需要搭建风洞；研究核物理，需要构建粒子对撞机一样，我们需要完善性能仿真评估平台，有了这样一个工具，我们才能更好地定量论证新技术可以带来的好处。

这个思路给我们带来的是震撼。在起步这么艰难的阶段，以前只知道埋头读协议，确实没有想过，还要花费这么大的投入来建立仿真平台。何况在当时的能力范围内，能不能把这个平台建立起来都是个问题。

记得当时部门所有的人挤在北京的一个小会议室里，专家在白板上画着曲曲弯弯的流程图，然后指着白板对大家说，我们要在两个月内，做完这个。大家听完，齐声“啊！”，当时看上去，就凭我们这些菜鸟，真是有点天方夜谭。从那天起，在技术专家的带领下，我们这群年轻人，对陈旧的仿真平台开始了改天换地般改造。

口号是高大上的，目标是让人热血沸腾的，但是具体的工作却是枯燥的。仿真平台最核心的，是要做大量的验证工作。几十页密密麻麻的公式和参数列表摆在我们面前，具体工作是以0.1码率为步长，从0.1到0.95，一个码率、一个码率的校准译码器的性能。加上不同的调制方式，总共需要仿真八百五十条曲线，并且每条曲线有几十个不同的信噪比点。我们每天坐在服务器前，盯着并行运行的十几个程序，随时准备应对可能出现的问题。

当我们最终严格地按要求仿真之后，的确发现了不少问题，让我们惊出一身冷汗。说实话，如果没有严谨的一步步的验证，把这些带着问题的技术拿到外面，只能砸华为的招牌，被别人鄙视，由此我们深切感受到严谨和认真的重要性。

经历了无数个不眠之夜，很多很多类似八百五十条曲线一样扎扎实实的工作汇聚在一起，为仿真平台打下了坚实的基础。最终，华为自己的功能强大的技术评估平台落成了。在这以后，咱们也可以在标准会议上很牛气地说：通过仿真对比，方案 A 比 B 在什么什么情况下，好多少多少。因此，我们提交的文稿越来越言之有物，也越来越受到重视。

3GPP RAN4 副主席戴喜增

华为公司的两位主席 Philippe Reininger（左一）和 Frank Mademann（左二）在 3GPP 会场

技术实力就是炮弹

仿真工具的完善只是一个起点，若要真正弯弓射天狼，还需要实实在在的创新技术。

记得多年前的一个夏天，标准组织在雅典开会，前来“督战”的公司领导跟大家说，现在我们不缺有竞争力的产品，不缺市场，但缺有华为 Logo 的新技术。

彼时，华为无线已经加大全球研究团队的部署和投入：在北京、上海、瑞典的 Kista（西斯塔，是瑞典大学科技园中的翘楚）高科技园区、美国的德克萨斯、加拿大的渥太华，都建立了技术研究团队。多年的技术投入积累，大量具有丰富研究经验的专家，汇聚成一股越来越强大的力量，研制出一枚又一枚重量级的“炮弹”。

2010 年，在 4G 领域，华为成功地推广了标志性的多模基站技术，通过简单的软件升级，让客户能够便捷地实现 2G、3G、4G 不同制式的切换，让全球的手机用户都可以自由地接入无线网络。多模基站技术的推出，迅速成为行业主流。

2013 年 9 月，在亚太电信联盟会议上，华为首次提出了聚合使用非授权频谱技术（即全球免费使用的频率资源）。对于运营商来说，可以免费使用非授权频谱；对于老百姓而言，可以随时随地享受更快的上网速率。

也是在 2013 年，华为推动无线移动通信技术进入新的物联网行业，创新性地提出了窄带宽、广覆盖、低成本的新空口技术，用于无线抄写电表、远程医疗等业务。

4G 已经走了一段时间，5G 的技术开发看上去还需时日，怎么让老百姓享受更新的技术带来的通信便利，从 2012 年开始，华为已经开始思考延长和提升4G的断代技术，它可以帮助行业内的企业根据新的断代，更好地规划、生产、销售和维护无线通信产品，广大用户也会因此享受到更优质的无线通信服务。经过一段时间反复研究、讨论，我们最终确定了最新的断代技术4.5G，并和行业伙伴一起正式定名为TE-Advanced Pro。2016年4月，在墨西哥会议上，我得到了一件由华为推动成功的4.5G品牌“LTE-Advanced Pro”字样的T恤，穿上它，心中涌起无限的感慨。4.5G技术的催生，是一个历史性的转折点。第一次，华为以主创者的身份，定义了新的标准。

正是这样一个又一个有着华为Logo新技术的重量级“炮弹”，让我们在标准领域的战场上，赢得一个又一个胜利。

制高点的较量

技术实力的不断提升，让我们这些标准代表的腰杆越来越硬了。作为冲在最前线的标准代表，我们的目标从未动摇，就是把新技术写进国际标准，推广到整个产业。为了赢得这场知识产权的竞争，代表们拼尽了全力。爱拼才会赢，我们站在强大产品的肩膀上，在学习中进步，在战争中积累经验，从懵懂逐渐走向成熟。

在2011年中国台北的会议上，我们第一次战胜了X公司的一位资深代表。这次的议题已历经半年的反复讨论，本次会议将是最终一战。我们从产品部门获得了大量的信息支持，经过研究提出了翔实而可信的分析，争取到了很多厂商的支持。在最后一天的会议上，我们和X公司的代表展开了激烈辩论。最后，主席问，除了X公司，还有谁反对？原来表示反对的另一家公司，也改变了态度，表示中立。最终X公司宣布放弃。这次会议，我们不但收获了一次胜利，

RAN4 团队

RAN1 团队

更收获了自信。这次会议后，大 T 开始认可我们的能力，同意后续进一步合作。在乘电梯的时候，F 公司的代表对我说："You are better and better."（你们越来越好了。）

2012 年 2 月在德国德累斯顿，我第一次获得了主持分会场的机会，并得到了主席的首肯。

2014 年 6 月在法国 Sophia Antipolis（索菲亚・安蒂波利斯，该科技园区是欧洲最大的科技园区），我第一次参加 3GPP 全会，第一次推动立项成功。

2015 年 8 月在北京，我有幸当选为标准组织的副主席。几年前，标准主席职位还是空白，而今华为有多达九十名资深代表在 3GPP 中承担 GSM、UMTS 和 LTE 技术、5G 及后续演进版本的标准化工作，以及在 ITU、IEEE 等国际标准组织担任主席和副主席等职务，直接推动了标准化进程。

我们在标准领域，从 2G 的旁观者，到 3G 的跟随者，已经成长为 4G/4.5G 的参与者和引领者，正是因为我们持续聚焦，不断投入，今天才能站在标准的制高点上。

5G 时代的大幕已经拉开，华为人以前所未有的热情和雄心，投身于 5G 的新征程。如今，我们已经站在标准舞台中央，相信一定能够对世界有更多贡献。

（说明：标准代表，文中指代表公司参加国际标准组织会议，通过提交技术提案、参与行业讨论等活动制订通信标准的技术人员。他们一般会代表公司发表技术和产业观点，并与领域内专家深入研讨，最终讨论形成行业一致的通信协议和规范，对促进通信产业发展做出基础性贡献。）

（文字编辑：龚宏斌）

部分网友回复——

j00147677：

标准是没有硝烟的战场！ 它需要英语能力以及关键技术实力，这是根本；除此之外，还需要“外交”能力。

成为一个合格的乃至业界知名的定级标准代表，是一个漫长的过程，不但困难重重，而且需要坚韧的毅力！

Xiayuan：

2008年至2016年，八年的时间，眼看着华为从标准菜鸟发展为TOP影响力和贡献的公司，其中的艰辛和收获历历在目。对于一个华为标准人来说，算是赶上了最好的时代。

Guanxs：

标准工作不易，经过这八年的艰苦奋战取得如今的成绩，相信这个过程是对标准代表的最大回报。今后如何取得更大的进步？如何面对更多新的课题，面对时间人力上的限制？如何促进标准和产品的沟通？这也是每一个“标代”需要不断思考的问题，包括我这个新“标代”。愿我司标准团队能够不断挑战极限，再创高峰！

yyk：

虽然不是在一线市场拼杀，但是同样刀光剑影，同样为公司创造价值！我们的核保护伞就是这样一步步建立起来的。

爱死没拉闸：

看着有点货币战争的感觉了！高层次的竞争就体现在这里。

为了离你更近

作者：朱晓华

2011年3月11日下午，我正在东京大手町十楼的办公室里，突然，一阵强烈的晃动袭来。地震了！我下意识地望了望窗外——对面一片正在建设的楼宇上，高空作业的大吊车前摇后晃，呈45°倾斜，几乎就要从高楼上被甩出来。我们纷纷钻到桌下，一动不动。

一分钟、两分钟……楼房的剧烈摇晃让钢板之间发出"咯吱咯吱"的响声，听起来非常吓人。几分钟后，趁着震感稍稍平息一点，我们赶紧站起来，往楼梯口走，想到楼外找一个安全的地方。走的过程中，整个大楼还是晃得很厉害，楼梯里还有很多跑丢的鞋子。走出大楼后，我们来到楼外的公园空地上，才发现这里已经挤满了密密麻麻的人。

这时我突然想到，十多个同事和客户，还在六公里外的丰州机房内测试。他们什么情况？

交付前二十天，大地震来了

我赶紧给相关同事打电话，电话已经拥塞，手机一度没有信号，再打，还是没有信号，过了十多分钟，才终于打通了。

电话那头，测试兄弟惊魂未定地说，刚开始感觉地板晃动时，

为了离你更近

丰州大厦里的日光灯脱落

大家都没觉得什么，继续工作。可几秒钟后，地板晃动得越来越厉害，大型立式空调也开始加剧颤抖，发出“当当”的声音。大家开始站立不稳，下意识抓住身边可以固定自己的物体，我们和客户蹲在地上手牵手互相支撑，互相安慰。紧接着，天花板不停地散落下灰尘，桌上的笔记本、测试用的设备纷纷跌落到地面。有人摇晃着向机房门口跑去，客户大喊了一声“不要跑动”，大家迅速趴倒在桌下，用手和衣服护住头部。突然，随着一声金属断裂的声音，天花板上的一盏日光灯脱落，擦着一位同事的头划过去，让人惊出了一身冷汗。所幸一切慢慢恢复平静，所有人都安全离开了大楼。

得知大家安好，我松了一口气，可脑海里挥之不去的是项目商用时间点和测试进度。作为华为固网与日本 K 公司首个从研发定制开始端到端全面合作的 PTN 专线项目，经过近两年的艰苦拓展，已经到了最关键的最终验证阶段。距离商用，只有二十天。

4 月份的商用交付，是华为对客户“死守”的承诺。日本是一个信守承诺、职业化程度很高的国家，客户对时间要求非常严格，两年来从未更改过一个计划，何况在一年前客户就对外宣布了商用时间，并早已开始预售了专线业务。

这次地震会影响进度吗？我们能在规定时间内完成交付吗？

停，还是不停？

客户现场人员随后向高层汇报，当天的测试即刻终止，让我们回家等消息。走到大街上，我们发现，公共交通系统全部瘫痪，电车停运，的士也堵在路上纹丝不动，我们和客户只好一起加入东京百万人徒步回家的队伍中。

在丰州大厦周边空地上避险

近二十公里的路，大街上满是人，却非常有秩序。整个道路上中间是车，两边是人，车挨车，但完全没有乱按喇叭的现象。

我们走到新桥附近，发现有家中餐馆还开着，大家点了几个菜，这才看到电视里海啸的画面，高达十米的海浪将车辆等卷入海中，冲毁沿岸建筑，情形极其惨烈。原来，这次地震震级达到 9.0，并引发了海啸，是日本历史上最严重的一次地震。我们与客户在餐馆边吃边聊，一边感叹大自然的无情，一边继续讨论测试中的问题。

由于丰州机房遭到严重损坏，客户决定利用周末时间，把测试设备全部转移到位于新宿的 NOC 中心。然而，灾害的变化超出所有人的预想。震后第二天，距离东京三百多公里的福岛第一核电站发生爆炸，进而引发核泄漏，更糟糕的是，当时还下着雨，放射性物质随风飘到东京，东京传出空气中、水源中放射性物质超标的警告。天空的云也有些不太正常，压抑而阴沉，散发着一种悲凉的感觉。电视每天都在滚动报道，辐射云今天又往什么方向前进了多少公里，明天将会往什么方向前进多少公里。

各种传言开始四处弥散，到处人心惶惶。

3 月 14 日，项目组按照原计划到新宿继续工作。有员工开始愁眉苦脸："现在这么危险，为什么还要继续测试呢？"在这种情况下，没有人不担心，就连在新宿测试的客户看起来也很不安，说不定也希望华为提出来暂停测试。

停，还是不停？

"鸡蛋里挑骨头"的认证

这是一个艰难的决定。我比任何人都清楚，三年来，为了突破日本市场，我们付出了多少心血和努力。这个项目能走到今天，所历经的曲折和艰辛，真是难以想象。

还记得，当初为了让主流运营商认可华为，我们率先迎来K公司认证时的场景。2008年7月，客户资深认证官福田先生来到华为总部以及位于松山湖的生产线，进行质量检查和选定合作前的厂验。此前，华为刚刚通过英国电信的严格认证，ISO9000、TL9000、ISO14000等证书拿了一大摞，所有人都自信满满，认为K公司的认证不在话下。

福田随身携带“四大法宝”：手电筒、放大镜、照相机和白手套。白手套用来到处抹灰尘，放大镜用来看焊点的质量，手电筒用来照设备和料箱的灰尘，照相机用来拍实物图片。看他这样检查，大家都觉得太恐怖了！

除了查设备，福田还“查”人。随机抽查生产线上的员工，询问不同的服饰、不同的颜色代表什么含义，还询问所有操作流程是否有操作指导文档，是纸件还是电子件，具体放在哪里，员工及现场主管或答不出来，或答复得前后矛盾。此外，物料存放区域的运输车辆路线及人员行走路线是否有明确标识和区分，墙边工具柜里的每件工具是否按要求整齐放置，也都在检查范围内。

第一次认证完毕，福田非常生气地丢下九十三个不合格项，回了日本：“华为质量水平不行，而且华为工程师只想一味地说服客户，不够谦逊。”我们的第一反应是震惊，然后是难以接受，开始争论不休。有人甚至说：“我们在质量方面已经做得很不错了，这是吹毛求疵。”

确实，这九十三个问题，涉及厂房环境温湿度控制、无尘管理、周转工具清洁、外观检验标准、老化规范等，每个都有非常高的要求，而且很多地方远远超出行业标准。但大家认真讨论后，认为客户是真诚的，不是来“找茬”的，客户的经验也是非常值得借鉴的，我们在质量上必须有更高的进取心。接下来几个月时间，我们抛开分歧，以客户的要求为标准，对设备、现场、员工教育等方面进行了大量优化。

我还记得，半年后，福田再次来到华为生产线检查，华为还是有多项不达标，总分只拿到了八十分。现场员工有些不安，但福田安慰说：“我检查 S 公司生产线几十年了，他们也仅能拿到七十分，华为半年的整改还是非常有效的。”

在生产线上，华为的整改也大刀阔斧。客户初次厂验时曾提出，焊接时一定要使用氮气，因为使用空气焊锡的纯度不高，氮气可避免焊接时引入杂质，导致未来线路故障的隐患。尽管肉眼根本识别不出两者的区别，但华为特意新建了一条装置氮气的管道到生产线上，持续至今。

很多同事深有体会地说，从生产制造到研发思维转变，华为公司整体的质量提升，是从被日本客户“折磨”开始的。

近乎“苛刻”的测试

2010 年 6 月，我们独家中标客户 PTN 专线项目，为客户提供所有局端、宅内设备以及网管系统。在项目开工会上，大家意气风发地走进会议室，却被当头泼了一盆冷水。原本就不苟言笑的客户高层，板着一张脸，指着资料中描述有些模糊的部分，冷冷地说：“我非常怀疑你们能否按时完成。”

整个会议室，一片静默。

我掰着手指算了算，猛然从中标的喜悦中惊醒，九个月后就要商用交付，有的设备必须完全定制开发，还要与现网设备商对接。而我们和客户甚至连现网设备的具体规格都不清楚，没有可借鉴的经验，也欠缺项目管理的能力，拿什么去完成任务？

接下来就是痛苦的赶进度。每双周，我都要主持与客户的高层例会。隔着一米的桌子，代表阎力大和客户高层带的两组人马反复沟通，从项目管理到开发进度管理、质量管理，再到技术实现的所有细节，经常从下午 1 点不间断地开会到晚上 10 点。“这么测试非常不合理！”“只有按我们的要求测试，才能确保最后的结果！”思维方式不一样，测试维度也不一样，项目组和客户间免不了互相叫板，甚至互相拍过桌子。但经过磨合后，双方都意识到大家的目标是一致的，就是死守“高质、按时”商用交付的承诺。

日本客户对时间的要求十分严苛，如果哪天有一点点没有按照计划完成，我们也要向客户澄清原因，解释第二天怎么把时间赶回来。“今天我发现一个 bug，什么时候改？”“改完之后要做什么样的测试？”“这个会涉及周边哪些功能模块要测试？”“请全部重新测试一遍。”“针对可能出现的风险导致的测试时间推迟，事先有没有考虑余量？”这些，都是客户最经常提出的问题。测试到后期，我们基本每天都窝在十几平方米的机房，从早上 9 点一直测到晚上近 10 点。

客户的敬业程度也常常让我们感叹。项目过程中，我曾翻译过一份六百多页的中文标书，三天两夜不眠不休。按照事先承诺好的时间，到了早上五六点，我将翻译好的内容邮件发给客户，居然立刻就收到回复，这才意识到，原来客户也一直在熬夜等着。还有一次，一个客户一大早到公司机房测试，只吃了一根香蕉，一直工作到晚上 12 点。中途我给他买了一个便当，他也没时间吃。客户都这么拼，我们有什么理由不更拼呢？

只要客户在，我们就会在

正当项目终于渐入佳境、即将交付时，这场突如其来的地震又将我们逼上绝路。友商有的撤到了大阪，有的包机，连员工带家属全送到香港。我们怎么办？

我不会拿兄弟们的生命去冒险。地震发生后，我与代表阎力大、代表处危机处理小组一直保持密切联系，了解到风险是可控的，即便真的到了非常危险的地步，公司也准备了好几种撤退方案，可以充分保证所有员工的人身安全。无论如何，我们必须和客户在一起——除非客户要强制停止测试，华为人每天一定准时出现在客户机房，继续为最终的商用测试冲刺。

于是，我对客户项目负责人说："你放心，华为绝对不会先撤，只要你们在，我们就在。即使其他人都撤了，我陪你！"

到了3月17日，我们还在坚持测试，抢回了周末的时间，大家都对按时交付信心满满。突然，客户领导冲进来急切地说："测试暂停！十分钟之内全部撤离，回去等通知。"所有人迅速撤离了现场。

世界仿佛一下子安静下来，可我的心情却特别复杂：项目组连续鏖战了这么久，每个人都疲惫不堪，又遇上了核泄漏的恐慌，我也希望大家有机会略做调整。但如果中止测试了，后续的商用能否按时进行？项目是否会就此夭折？大家两年多的努力是否会打了水漂？一切都是未知数。

很多人不解，这个项目并不是在现场帮助客户抢修网络，完全可以停个十天八天，为什么还要坚持？可是，信守承诺是在一个信

DRIVING ICT INNOVATION
HUAWEI
HUAWEI JAPAN
10th Anniversary Ceremony
HUAWEI
YEARS
HUAWEI JAPAN
10th Anniversar
2005 - 2015

DRIVING ICT INNOVATION
TO BUILD A BETTER CONNECTED WORLD
HUAWEI
華為技術日本株式会社
創立10周年記念祝賀会

华为在日本十年

用社会生存下去的必需条件，是融入血液中的一种最基本的职业化精神。运营商要对最终客户信守承诺，我们要对运营商信守承诺。客户深知项目的重要性，对测试的持续性也进行了艰难的判断，我们不能替客户做决定，但只要客户在，华为就会在。

过了两天，核电站的局势得到了控制，恐慌也小了，客户又通知我们继续测试。大伙又把这两天攒的劲拼命使出来，为最后的商用争分夺秒。在这样的环境下，大家都没有乱，坚持每天与客户一同测试，与客户的交付维护团队一同在现场指挥工作。

从项目中标到最终商用交付的这九个月，可能是我这辈子最难熬的日子。我几乎每天都从噩梦中惊醒，脑子里盘旋的都是项目各种各样的风险和遗留问题，经常半夜睡不着，干脆爬起来继续工作，心情才稍稍平静一些。

在经历了余震不断、不时停电等不可抗力风险后，4 月 12 日，我们终于成功商用交付。我们没有辜负客户的信任，没有辜负研发同事们的努力，死守住了华为的承诺。这一刻，我觉得，在项目交付中经历的艰辛困苦，都算不了什么！

后来，我们和客户共同举办了庆功宴，双方技术、建设、运维等部门共八十多人参加。客户握住我们的手，说出了心里话："华为最优秀的地方首先是反应速度，无论提出什么样的要求，华为都能急客户所急，以最快的速度响应。"阎总也在现场做了长达十分钟的全日文演讲，感谢客户给了我们机会，给了华为充分认可，双方以后还要精诚合作。

这是他第一次用日文做这样的演讲，当时的场面让我热泪盈眶。危难之中现真情，我们和客户的心更近了。这一刻，我坚信，加入华为是我做的最正确的决定。

加入华为，离你更近一些

和华为的故事要从十几年前说起。2000 年 3 月，我从日本东京工业大学研究生毕业，面临着回国还是留下的选择。我当时想，如果只是留学拿到学位，而没有实际工作经验，对日本社会的理解是很苍白的，于是选择了加入日本 E 公司。除了考虑公司本身的竞争力，我还有自己的小心思：在国际化的公司工作，也许会有回国效力的机会。

这一待就是五年。在这个过程中，我不是没有过回国的冲动，但人都是有惯性的，在国外待得越久，越适应这里的生活，反而对国内的新发展、新思维不适应了。毕竟这不是像买张机票飞回去那样简单，需要重新规划自己的职业道路。我的特长能充分发挥吗？我能适应吗？如果回国，家人怎么办？这一连串的问题萦绕在心头，

本文作者

实在很难做到抛下一切直接回去。拖得越久，就越发觉得自己回不去了；越回不去，心里的牵挂越发浓郁，总希望有机会能让我为祖国做点事。

就在这个时候，华为在日本出现了。我想，加入华为，这也许是我可以触碰到的离故土最近的方式吧？如果我连华为都不适应，那就真的回不去了。于是，在日本生活的第十年，我成为华为日本代表处最早的本地员工之一。

如今，我在日本生活二十一年了，在华为日本代表处也已经十一年了，虽然我并未身在祖国，虽然我已远离故土多年，但是借由华为足够大的平台、足够多的触角，一切都像未曾远离。感谢华为，圆了我这个海外游子最大的心愿。

（文字编辑：江晓奕）

部分网友回复——

把鸡汤当早餐：

回不去的祖国，借由华为，拉近了距离，很理解这种情愫，感动！

独狼：

看到此文好像时间又回到了 2008 年日本 KDDI 审核坂田无线产品线，当时真的是放弃产量，在做基础工作，就因为这次审核，才有了生产人车分流的由来！

转动着的小齿轮：

质量是企业的灵魂！

x00246199：

读到项目商用的部分时，我竟不能自已，流泪了，应该是感同身受吧，高端客户的严苛要求是华为持续改进的关键动力之一，接受高端市场的挑战就意味着要付出常人所不能承受的代价与努力，为日本代表处点赞，为作者点赞！

z87961：

外界可能很难理解，但相信华为人都能感同身受，这是华为共同的基因！不论什么情况，都能严守承诺，最终长期稳定运行，获得良好的客户口碑，这是我们努力的方向。

“天”赐良机

作者：Merlin Zhou

十多年来，我在印度的一次亲身经历，始终刻印在我的脑海：在一个偏僻山村的小卖部，村民们排着长队，每人手里拿着一张SIM卡，他们兴奋又焦急地等待着，等待使用全村唯一一部手机。几十个村民轮流将自己的SIM卡插进手机，给孟买、新德里的亲友打电话，脸上写满了快乐。这部手机没有印Logo，但我知道，那是我们做的手机。这幅画面带给我的幸福和满足是浓烈而持久的——在世界一个不起眼的角落，华为手机为一群人传递着喜怒哀乐。

2014年9月，Mate7上市，市场人员指着华为手机旗舰店人山人海的照片，对我说：“喏，这是上海抢购的，这是北京抢购的……”多年前的那种幸福和满足感真真切切地再次涌上心间——在世界几乎每个角落，都能看到华为手机的身影，它连接着千百万消费者，成为他们生活中不可或缺的部分。

然而，细数Mate7的亮点，不管是大屏、全金属机身、指纹识别，还是手机界面……都是在一次次犯错过程中摸索出来的。经历过试错，我们才找到了成功的方位。

『天』赐良机

mate7

“试”出来的大屏

就拿大屏来说吧，Mate 和 Mate2 用的就是大屏，可整机尺寸过大，消费者直吐槽：光追求大有什么用？又厚又重，手都握不住。

听到这话，我心里真不是滋味。谁不希望自己做的手机个个被人爱、款款是爆款。痛定思痛，2013 年做 Mate7 的时候，我们开始站在消费者角度想，人能接受的最大尺寸的屏幕是多大？能否在厚度和重量上做减法？

我们试了很多尺寸，从 5.7 英寸到 5.9 英寸、6.0 英寸、6.1 英寸、6.3 英寸，甚至做到了 7 英寸。做完之后，请来了性别、年龄、身高各异的消费者试手感。结果发现，6 英寸屏做出来的整机，已经是大家所能接受的极限了，再大，手就没法控制，牺牲了便携性和使用的方便性。我们对机身厚度也进行了相应的“瘦身”，从 Mate 2 的九毫米多减小到八毫米不到，这个厚度在当时同级别屏幕尺寸智能手机中是最薄的。

之前的手机受诟病的，还有屏幕周围的一圈大黑边。如果机身用的是较浅的颜色，屏幕黑边就会和机身颜色形成反差，不好看。所以，我们给 Mate7 定的小目标是尽可能减少黑边。

这必须突破一项关键技术——窄边框点胶技术，就像挤牙膏，把胶水涂抹到手机壳周边一圈，然后把屏幕粘上去。点胶面的宽度越窄，整机的尺寸就越窄。

听起来没什么技术含量，可批量做起来才知道有多难。最初，我们用的是人工点胶，精确度不够。后来，我们请机械手来帮忙，可它哪有那么听话，要让胶水每次都精准地落在一毫米不到的宽度内，就和在头发丝上刻字难度差不多。不是一会儿往左偏了，就是一会儿又往右偏了，有时前面几十片还点得好好的，后面又偏了，简直让人抓狂。

每次调整都得花上好几天时间，工厂的工人被我们折磨得常抱怨："零点几毫米的误差，人眼根本就看不出来，干吗要这么费劲？"看到一筐又一筐报废的器件，说不心疼是假的，但该坚持的还是要坚持，这看着似乎影响不大，可一旦出了问题，对消费者没法交代。

为提高精度，我们在机械手上安装了摄像头，这样机械手就把手机壳的位置"看"得一清二楚，胶水可以更精确地落在适当的位置。这还不够，用什么胶水也很关键，太浓粘不牢，太稀会塌，凝固时间太短操作有困难，凝固时间太长又影响生产进度……我们从成千上万种胶水中找出十几种胶水反复试验，配合高低温、撞击等各种可靠性测试，找到了最佳组合。

我们还定制了一个夹具，让屏幕粘得更牢，把定型时间从八小

在 Mate7 发布会上余承东展示大屏

时压缩到两小时，做出了前所未有的超窄边框。而且，手机上部的“额头”很窄，下部的“下巴”很短，看起来就是直线、直线、直线、直线，四个角，外加一个屏幕，一气呵成，也缓解了大屏幕的握持手感不佳问题。

牵手汽车制造商

Mate7 出现之前，市面上的手机多是塑料的，质感有欠缺，消费者也有点审美疲劳：能不能有一款金属材质的？可做手机的人都知道，金属加工的难度高、良率低，我们就摔过不少跟头。2012 年，我们在 D2 手机上第一次使用了金属机身，“无知者无畏”地采用了硬度和强度很好的不锈钢，使用 CNC 切割工艺，结果合格率只有 20%，不是尺寸不符合要求，就是被划伤有瑕疵，一天也生产不出一千个，随之而来的是超长的生产周期和高昂的成本。

做 Mate7 时，我们开始抬起头看业界，寻找其他的加工工艺，细细筛选工业领域所有可能的供应商。一家汽车制造商引起了我们的注意，虽然它生产的是汽车，但在金属加工方面经验丰富，有没可能加工手机呢？

这是一个大胆的想法，没有人尝试过。供应商提供的是冲压技术，就是用冲压车身的设备，直接把金属块“砸”成想要的手机形状，做预成型，成本和生产周期都能有效缩减。这种设备高达三米多，四至五米宽，重达一百一十吨，用它来冲压机身，就像是变形金刚碾压蚂蚁，颇有点“大材小用”的感觉。每次冲压时，“轰”的一声，又沉又闷，非常震撼。

刚开始，冲压力度控制不好，机壳出现大量反弹，根本不能保证成型精度。我们决定增加两次“回炉”处理来定型，也就是把物料放到 120℃的烤箱里烤两个小时。这意味着工序增加了，整个流程的时间也拉长了。

为了赶进度，研发团队也直接进了厂房，戴专用手套取物料，每进去一次就等于蒸一次高温桑拿，一天还要进去好几次。一段时间过去，好几个胖子瘦了好几圈，后方的兄弟调侃：“你们这是高温瑜珈减肥，疗效不错呀！”

制造汽车和制造手机的精度要求不一样，车身几个毫米的缝隙是可以接受的，可手机零点几毫米的缝隙看起来却显得不够精致。在合作攻关过程中，只要我们想到的实现工艺，供应商都配合我们，二十多个技术人员，每天跟我们一起挤在车间，冲压、定型、磨平、抛光……一道工序一道工序地走：要用多大的力来冲压？“回炉”处理要用多高的温度、保持多长时间？我们反复调整各种参数，在整个合作过程中建立了深厚的情谊。

最后的完美合格率，是对我们攻关的一百八十多个日日夜夜最好的安慰。

一秒解锁的秘密

要说 Mate7 给消费者带来最大的惊喜，应该就是指纹了。本来很多人以为是鸡肋，可体验后却爱不释手——在熄屏的状态下，无须任何按键，只要把手指放在手机背部的指纹区轻轻一触，不到一秒就将屏幕解锁，还可以使用指纹支付。

不过，不少人第一次看到这个设计都会有疑问，为什么把指纹传感器放在背后呢？其实关于这个问题，我们内部也有过激烈的争论。有人认为应该放在正面，这是行业趋势，业内有几家公司，尝试过把指纹放在背面，但都没成功。可我们仔细思考后认为，在6英寸的手机正面，再加一个指纹传感器，整机的尺寸过长，不好看；再用拇指去按底部的指纹传感器，重心不稳，操作很不方便。所以我们还是坚持选择放在背面，结果证明，这个决定是正确的——Mate7的用户都很认可现在的设计。

设计有了，怎么做成实物呢？必须找业界优秀的厂商合作。早在2012年，我们就开始跟踪业界的指纹厂家。华为外研所“做媒”，介绍我们认识了一家开发指纹传感器的公司。约来一聊，双方都觉得挺对眼儿，只是需要一些磨合。

这家公司生产的指纹传感器，大多应用于市面上常见的密码锁。把它放到手机上，需要把传感器封装成模组再安装。这倒好办，让我们担心的是，手机指纹解锁和密码锁不同，密码锁一天最多开个几次，可消费者解锁手机的动作，一天可能要一两百次，对指纹传感器的按压寿命、识别速度要求非常高。

按压区的深浅也是来来回回磨了几十次，这不仅关乎用户体验，更决定了指纹识别的速度。我们就用最笨的方法，做了几十个深浅不同、大小各异、金属圈宽度不一的模型，把墨水刷在按压区。手指按完再按在白纸上，然后比对各种情况下的指纹清晰度和大小，以此测试指纹的采集区域。

通过反复调整，指纹解锁时间从一千三百毫秒缩短至一千毫秒，即一秒以内，真正做到了一触解锁。

把信息装进“黑箱子”

灵敏度和准确性有了，可传感器只能把指纹转化成一幅图像，安全性能有保障吗？我们必须给消费者一个完美的解答。

我们找芯片研发部门等多部门一起讨论，经过多轮 PK 和论证，提出了一个独特的想法：能不能把处理指纹信息的安全操作系统，放在芯片的一个特殊区域内实现呢？就像一个绝对隐蔽的“黑箱子”，你往里存东西后，是不可以碰里面的东西更不能往外拿。它只会回答 Yes 或 No，就是告诉你指纹比对的结果。

为此，我们在芯片上一个叫安全区（Trust Zone）的区域，开发了一个独立的“安全操作系统”（Secure OS），并将所有与指纹相关的加密和解密过程，全部从外部安卓系统迁移到 Secure OS 中独立运

指纹是 Mate7 带给消费者的一大惊喜

行。这是目前全球公认的最有效的安全防护系统。

自己做的降落伞必须自己试跳。为暴露更多问题，我们还把手机揣兜里、放包里试了一段时间，发现各种可能产生误操作的情况。为了解决这一点，指纹传感器被设计成下凹的样子，并用软件算法规避了误触问题。

“花粉”的点子变成“金子”

对很多用户来说，更直观的变化体现在软件系统上。以前手机开机后的桌面，图标五颜六色，被不少人吐槽为“惨不忍睹”。可这回，不管是短信、图库还是时钟，所有的元素都是由点、线、圆组成的，简约大方，颇有颜值。

光有颜值还不够，好不好用直接影响体验。这不得不提到“花粉”贡献的一个好点子。2014年初，我们在上海举办了一次“花粉”见面会。一个“花粉”冷不丁抛出的一个问题，把在场的人都问住了：通话、联系人和短信三个应用为什么不能自由切换啊？通讯录产品经理晓忠愣了一下，自问自答道：“对啊，如果在联系人列表中左右滑动，直接可以打电话和发短信，不需要再重新进入不同的应用界面来操作，会方便很多！”

当时正是软件系统EMUI3.0开始研发的日子，同事们都在为加入什么新功能而绞尽脑汁，听到这个点子，都像打了鸡血，很快着手研发。

最大的困难集中在启动性能上。原来打开联系人应用，只要五百毫秒，也就一睁眼一闭眼的事，可把三个应用合一后，加载时间就变得特别慢，超过了三秒。眼睁睁看着加载画面在一遍又一遍转，

公司内部真机体验会

可页面就死活出不来，甚至出现白屏，我们急得也直打转。试了几个改进框架的方案，还是在原地踏步。

这时候，架构师老梁一拍大腿，说："我来试试！"他反复钻研业界的数据库加载和进程调度，想到了分步加载的办法——用户不可能同时使用多个功能，如果打开联系人应用，先加载的肯定是这部分功能，其他两个应用可以先"按兵不动"，然后在后台默默完成加载。这样，等待时间就被大大压缩了，只需要不到七百毫秒，再配以加载的动画，用户不会感觉到不舒服。

完成这个功能后，我们请了几十个"花粉"来试用。有用户感慨地说："就像进了一个餐厅，可以一次吃到三种异国美食，不需要一个餐厅一个餐厅找，太好了！"听到这个评价，我们很开心。

出厂前的千锤百炼

“今天手机不小心从桌上掉下，重重地摔在了地上，顿时心就碎了！还好没有坏！”论坛上，有“花粉”如释重负地说。

其实，在出厂前，我们尽可能把各种可能性考虑完整。在华为可靠性实验室里，每天有超过一千台手机，二十四小时开机，进行稳定性测试。任何一次异常，都会被记录下来；还有，在跌落测试中，要对手机的六个面和四个角都进行一次测试。在实验设备上，控制手机从不同的高度跌落，随着一声声清脆的手机与大理石撞击声，Mate7 完好无损；设备旁还架有高速摄像机，可以记录手机跌落到大理石上的瞬间形变，用于分析提升整机强度。

此外，还有上千次滚筒测试、几百次的扭曲测试、几十个小时的太阳辐射测试、几十万次的触屏点击测试、数十万次的按键测试……经历千锤百炼的产品，才能顺利进入市场。

回望在终端这些年，我做过不少手机，它们不是款款成功，相反，失败的经历多。良机非天赐，正是这些碰过的壁，犯过的错误，才使我们成长起来，最终做出一款让大家喜爱的手机。

一遍遍试用自己亲自参与研发的手机，就像抱着自己的孩子，永远看不够。看着身边越来越多的人使用华为手机，愿意向亲朋好友推荐华为手机，这就是作为一个技术人员获得的最大成就感。

（文字编辑：江晓奕）

部分网友回复——

风情海岛：

每一款精品都是打磨出来的啊，真是没有随随便便的成功。

z00239879：

真实的故事，都是感人的，Mate7 的成功原因原来在这里，为你们点赞。

打个 A 打个 D：

没想到后面还有这么多的故事，知道了之后更有共鸣。能不能直接贴到华为体验店，就叫“背后的故事”，让消费者也能读读。

扯着蛋的蛋：

任何产品没有坚持不懈的努力，都是无法成功的！给兄弟赞一个！

iwonder：

从代码领域进入材料工艺领域，华为是后进入者，在引入业界先进技术和理念的同时，加入了自己的思考和用户体验需求，于是有了市场的认同和初步的成功。这只是小胜，能否茁壮成长为领袖，尚需等待革命的黑天鹅降临。

z00187266：

成功没有捷径，但成功一定有方法。终端的成功和进步，是所有终端人十年如一日坚持、努力的结果！

指尖上的办公室

作者：Meteor

打卡签到、收发邮件，甚至是报销发票，都可用手机搞定？华为 AnyOffice 移动解决方案，打破了办公时间、场所的限制，动动手指就可以办理多种事项，得到数百万用户的喜爱，帮助很多企业从传统的办公室 PC 时代，跑步进入移动办公时代。

而这一切都源于 2010 年的一个偶然机会。

窃听风云

2010 年底，手机还是 Nokia 的天下，智能终端刚开始上市，而我还是一个入职华为三年多的“攻城狮”，做的东西跟手机软件八竿子打不着。

突然有一天，我收到海外某办事处的电话，说某国发生了电话泄密，引发了恶性事件，该国高层正急着寻找安全电话解决方案，以防范此类事件再发生，考虑到我们在网络安全上比较专业，希望我们能给出端到端的解决方案。

当时的 PDT 经理敏锐地感觉到移动端的需求会成为主流，而移动安全将会是炙手可热的方向。他召集了我们一帮人，从技术方案

指尖上的办公室
厚积薄发
HUAWEISTORY

谈到产品开发计划，再到未来蓝图，大开脑洞。会议结束时，我看到所有人脸上都荡漾着喜悦，仿佛马上就能成功一样。

接下来，团队进入紧张的产品开发中，我也开始转型为手机端的软件开发者。当时的主流是塞班、黑莓，Android和iPhone才刚兴起，对开发移动设备，我们完全没有经验，个个焦灼不安，光搭建个手机开发环境就用了一周，结果应用在Android上瞬间就崩溃了。当时资料少，缺乏定位手段，只能一点点看系统源码。功夫不负有心人，四十天后，在Wi-Fi网络下，两个手机第一次能够互相通话了，当电话听筒里传出另外一个兄弟的声音时，我和那个兄弟都兴奋地大喊大叫起来。

三个月后，第一个测试版本出来了。我们满心欢喜地将版本发到一线测试。两天后，收到反馈：在各种网络切换和特殊条件下，通话语音质量奇差，几乎不可用！我的心情瞬间跌到谷底。无奈之下，只能沉下心投入到问题定位和修改之中。从最初的几天解决一个问题，到后来一天解决几个问题，我也迅速成长起来。

又四个月过去了，产品接近收官阶段。经过测试部和一线兄弟的联合测试，无论在正常状态还是在恶劣条件下，产品都能达到预期。看着兄弟们脸上自信的神情，我也信心满满准备向客户递交我们的最后答卷。最终，产品正式上线，该国高层用上了我们的安全电话，终于可以放心通话了。

在龟兔赛跑中起飞

然而，这只是成功的个案。由于流量很贵，安全电话应用在当时并没有遍地开花，但我们积累了在移动端开发的能力，随时在等

和客户一起讨论问题

待机会的到来。

2012年初，随着智能手机的快速发展，公司决定在内部全面启动移动办公，打破时间、空间的局限。因为在安全能力和移动端能力上的深厚积累，我们当仁不让接下了这个任务，希望借此东风打造企业的移动信息平台。

产品刚刚完成第一个版本时，我们就收到消息：公司某战略客户正在进行招标测试，此前一直是C公司和H公司的天下，这是我们将产品做成通用产品的绝佳契机。我们立马挑选最得力的干将，带着产品雄赳赳、气昂昂地跨过“鸭绿江”。

谁想刚过“江”，迎接我们的却是一盆凉水。和客户交流后，我们发现友商已完成一轮测试且深得客户信任。拿到被友商引导过的用例，我们才发现很多特性满足不了，希望渺茫。尽管如此，我们和客户交流了四天后，还是组建了攻关团队，快速实现关键特性。

研发进度非常紧张，我们心中都憋着一口气，很多同事晚上直接在公司过夜，第二天起来接着干。这样连轴转到第四天，我们的版本终于可以转测试了！白天的测试结果一切顺利，让许多人心里的大石头都落了地，研发的兄弟们也赶紧回家准备好好休息一下。可是当晚 8 点，我们的版本竟然突然测出高概率出现的致命问题，离开的兄弟们有的还没有进家门就又被叫了回来。那是一个不眠之夜，大家鏖战了一夜，就是找不出来问题出在哪里，焦急得像热锅上的蚂蚁。和客户约定的测试时间马上就到了，怎么办？紧急和现场的兄弟沟通，他们又想尽办法为我们争取了一天时间。

这期间，一个测试兄弟说："之前的某个版本不存在这个问题，但这几天修改了这么多代码，现在根本没法排查啊！"作为项目组的 CMO（配置管理员），我灵机一动，想到我们每个小时会自动编译一个版本，如果能够找到哪个时间段引入的问题，不是就能快速解决吗？大家一听，赶紧分头验证版本，最终不负众望地揪出了 Bug。

后来，又经历几次这样的攻关，我们渐渐占了上风，最终拿下了第一局。到客户机房配合客户做全国上线时，望着满眼的 H 公司、C 公司设备，我的眼睛竟不觉有些湿润了。

后来，客户说："测试初期，你们对业务不懂，和友商没法比，一个在天上，一个在地下。但你们反应快，现场发现的问题，很快拿出方案并在产品上体现出来，到了后期，产品脱胎换骨，变成了你们在天上。"

这么点用户就扛不住了？

2013年底，产品在公司内部很快推广了几千个用户，运营部门又制定了半年规划，希望将十几万员工都能快速引领入移动办公时代。一时间各种推广铺天盖地，用户迅速增加到了两万人。

11月的一个晚上，IT移动办公运营部主管来电，说系统重启了。更要命的是，重启后有同事反馈无法接入。我们检测一看，天呐，我们自己的用户账号也无法登录。好在当时是下班时间，使用人员不是很多，但是如果第二天上班前还无法恢复的话，会对业务造成很大影响！

情况危急，怎么办？我处理无法接入的问题，另外一个同事解决设备重启问题。通过接入远程服务器，我们发现设备的CPU一直处于100%的状态，在处理各种用户登录超时的告警。仔细分析发现，每个用户登录的耗时都非常长，互相拥塞，达成了一个非常不好的平衡，每个人都无法正常登录。

原因找到了，可怎么解决呢？我紧急组织了一个攻关组，晚上11点左右，系统工程师一拍大腿说，必须打破现有状态，将用户分批放进来，异常用户少了，就不会有人一直尝试登录，而我们其他业务都是多线程的，只有登录业务是单线程的，只要用户能登上来，我们就一定能顶住！可怎么控制手机用户的自动接入呢？测试经理提了一个想法：通过设备的防火墙功能，控制用户的接入范围，引导用户逐步上线。

方法有了，说干就干。两小时后，所有用户都顺利上线，系统CPU恢复到正常水平，系统重启问题也顺利搞定。PDT经理让我先去休息一下，因为下一个考验点是第二天上午。我早上8点赶回公司，欣喜地发现，系统运行压力确实如我们预料的那样，是缓慢增加的。10 点半后，我们的系统承受住了第一波压力，大家稍松了一口气。

后来运营部的同事说，其实他们那一天比我们还紧张，他们将这个业务给了我们团队，投诉我们其实也是变相地投诉他们，还好我们没让他们失望。

接下来，在运营组已停止宣传的情况下，用户还是在四个月内增至三万。在这个过程中，我们既要确保系统稳定运行，也在不断优化架构，还学习了互联网公司采用灰度发布的方式，在飞驰的火车上逐步换轮子。2014 年 4 月，新的版本全面上线。到 6 月，用户已快速增至八万，系统稳定了，问题少了，我们和运营组的会议也降到了每周一次。

现如今，公司内部用户数已达到二十多万，终端三十多万，所

我们向客户推广 AnyOffice 产品

有向外发布的版本都在这个大系统上优先得到检验，想想当初两万用户时的狼狈样子，恍若隔世。

“五花八门”的客户需求

2013 年，AnyOffice 产品已初步成型，开始交付 H 客户。我觉得产品功能完备，客户提到的需求都做了，应该没什么问题。结果客户却给了迎头一棒：产品接入需要用户先配置，难以推广，近期解决不了就要求退货。一开始我完全无法理解，使用前多一步配置就不能用了？后来想想确实有道理，手机应用还要配置，太麻烦了，于是，想办法做到了零配置。

接入易用性问题解决了，客户又提了新需求：“邮件列表中文字太小了。”好，我们积极响应客户需求，调大一点。结果客户使用几天又提意见了：“有用户反映，邮件列表文字太大了，难看，做成可配置的。”听到这个消息，我都要晕了，这么多的用户和想法，哪能一个个都满足啊！后来从内部用户、外部客户又传来很多质疑声：“这是反人类的设计”，“这种提示就是对用户耍流氓”，“字体大小不一，颜色让人感到压抑”……甚至有客户直接说：“随便找个同类应用也不至于这么难用。”听的批评多了，我逐步认识到，曾经只关注功能逻辑、规格参数的开发思维，已不适用于移动研发的发展了，必须关注使用过程中的用户体验。

这些经历迫使我换位思考，把自己定位为产品的负责人，从产品维度去思考。首先让自己深度融入这个互联网时代，成为重度的移动应用爱好者：每天睡前看看最新的 Top 应用有什么亮点；听互联网产品“大咖”谈产品体验；学习产品牛人是怎么练就一双像素眼……在这些过程中逐步养成关注细节、注重体验的意识。在后期产品开发中，我们曾为了一个按钮放在哪里而讨论到深夜，曾为了一秒钟的速度提升而重构代码。同时，开始参与竞品分析，开展用户调研，与UCD（以用户为中心的设计）中心专家合作，建立大众吐槽的微信群，开通实时调研公众号发起众审，开启DevOps（开发即运营）模式实施众测，成立UCD委员会集中评审决策。

在集体智慧的贡献下，产品体验有了明显提升。当从客户那里传来肯定的声音时，我们欣喜地感受到，做移动互联网产品，真是有感觉！

还能再快一点吗？

2014年5月，我们历时半年，完成了客户端版本解耦的战略任务，将Anyoffice与AnyMail拆分为两个独立客户端，更灵活地提供BYOD（携带自己的设备办公）解决方案能力。

此时，某银行要求华为上线交付，我们派遣了研发专家到一线开局。经过近一个月的客户交流、现场调测，开始交付试用。上线伊始，客户就提出了很多易用性要求，按照产品开发流程，我们答复客户，新需求要三个月时间交付，这引起客户强烈不满。开发代表被客户指着鼻子问："你们到底是不是华为？到底是不是为客户服务？这么几个简单的功能，你们要三个月，外面随便找家公司几天就能做出来，我们自己的应用每两天一个测试版本，每周发布一个新版本，你们也要快起来！"经过沟通，客户最终同意我们两周内提供新的版本，按迭代交付新功能。

研发与各领域专家协同，一起探讨如何满足客户需求、敏捷交付。在各方面努力下，在公司立项通过试点产品级敏捷开发，尝试需求价值排序，快速决策，每个月按迭代分批持续交付，不断发布新的版本。

为了应对快速的版本节奏，将手工测试逐步由自动化测试代替，新的需求自动化测试覆盖100%，自动化脚本验证100%通过。在完成实验室验证后，产品快速发布到众测平台实验局，通过众测等，逐步放量，扩大试用范围，完成多样性终端的兼容性测试，快速反馈，快速闭环，终端用户直接参与产品体验和质量评价，也不断感受到AnyOffice的成长。最终，我们按时高质量地完成了交付，快速持续交付也成为我们打动更多客户的利器。

如今，为了持续提升竞争力，从移动端的数据安全，到企业入口防火墙的网络安全防护，再到大数据安全分析，我们进行战略开发，希望形成一整套企业移动信息平台安全解决方案。我担任研发管理工作，协调管理杭州、北京、芬兰、加拿大四地三国各个研发团队的工作。这一过程极具挑战，但我充满了信心。

六年时间，我有幸见证了AnyOffice的飞跃，看到每天那么多人都在使用自己的产品，享受“轻点指尖”移动办公的便利，还有什么比这个更有成就感呢？

（文字编辑：江晓奕）

部分网友回复——

|喵小咪大人:

确实方便了很多，易用性很高，不过还是要向互联网公司好好学习。

| 100339109 :

为 AnyOffice 的兄弟们的拼搏和坚持而感动！抓住移动办公的需求，在为用户提升效率的同时，自己也在积极探索 DevOps(开发即运营) 等提升效率，越跑越快、越做越好！

| m00234519 :

公司每一个产品的推出都离不开研发兄弟日夜奋战所留下的汗水，辛苦了！

|匿名用户:

看了好感动，像养一个孩子一样，为了让这个孩子健康茁壮成长，日日夜夜默默付出，感谢这么优秀的团队、这么可爱的一群人！

| 100341102 :

每个产品都是经过客户使用和检验后才得以改进，并最终得到客户认可的，特别是最基本的功能最能体现产品设计对客户需求的把握。就像对厨师，一份干炒牛河，虽然是家常便饭，但最能体现名厨的功力。希望我司的产品，特别是用户体验感强的产品都像 Anyoffice 一样，不断以客户体验为目标。

| x90006348：

公司做企业应用还是挺难的，一是需求五花八门，众口难调；二是企业应用面对的是零散的用户，只要有 Bug 就会 100% 爆发，Anyoffice 能做成现在这样，好样的。

和光速赛跑

作者：Jeffrey Gao

“你们做的这个设备比第一名 Lucent（朗讯）的如何？”

1998 年的某个夜晚，我们像往常一样在忙碌，任总突然出现在实验室，问了大家一句。一晃眼十八年过去了，我们也有了答案。

毛头小伙挑战世界难题

1997 年对中国来说是个好年份，这一年香港回归，举国欢庆。对我来说，也是一个幸运年，在与香港隔海相望的深圳，我加入华为，开始了我的职业生涯。

那时，我在传送部门，负责 2.5G SDH（Synchronous Digital Hierarchy，同步数字体系）产品的开发。过程中遇到不少的困难，有次一个阻碍性的难题怎么也绕不过去，不得不打越洋电话向国外厂商求助，要求他们提供更详细的设计资料。大家英语口语都不好，就让我打这个电话。我只能硬着头皮上，翻来覆去思考应该先说什么，后说什么，准备了半天，终于鼓起勇气拨通对方的电话，听到对方一声“Hello”，我一紧张，把准备好的话全忘了，急得满头大汗，结结巴巴来了一句“Please give us a demo board.”（“请给我们一个仿真

和光速赛跑

板”)。挂断电话，大家七嘴八舌地埋怨我没讲清楚问题。没想到过了一天，对方真把仿真电路图传真过来了，我们也借此解决了难题，那一刻真是觉得特别开心。

新产品开发出来一年后，我被派去重庆的一个小镇调试设备。有一天，突然接到秘书打来的电话，让我赶紧回去，参加莫斯科通信展览。我就这样在春寒料峭中去了莫斯科。

莫斯科通信展上外国品牌厂家林立，华为是唯一的中国厂家。后来我们在伯良斯克卖出了一个局点，海外市场有了一个良好的开端。

紧接着，我们开始着手开发高集成度的 10G 带宽产品。这类产品在当时算世界难题，只有一流的公司才能做到。基于 2.5G 的成功开发经验，我被任命为产品经理，带领一群毛头小伙挑战这个世界难题。

现在回想起来，我们真是初生牛犊不怕虎。那时我们开发这类设备没有经验积累，业界也没有成熟资料可供参考。整个开发过程完全是摸着石头过河，需要不断地探索研发方向，设计不同的方案进行验证。

大家经常为一个设计方案吵得面红耳赤，声音很大，旁边实验室的同事还以为我们吵架了，还跑过来劝架。有时候我们吵得天翻地覆还是难以达成一致，我就只好当一把“独裁者”来解决纷争。

吵归吵，吵完了大家还是一个战壕里的好兄弟。走出实验室，我们会去公司旁边的小餐馆炒个米粉，点些烤串，聊天说笑。我们毫无保留地争论，坦率地交流着彼此最真实的想法，将各种思路及各种可能的风险都充分暴露出来，减少了我们犯大错的概率。

在产品推向市场前，我们邀请国内的专家来公司生产基地进行测试。测试期间，大家都没回家，晚上直接在坂田生产基地睡了两

当时开发所在地——蓝天白云下的新时代大厦

当时的开发团队——团队平均年龄不到三十岁

周地铺。测试的最后一项是在零下10℃到零上55℃的环境中进行七十二小时连续运行观测。七十二小时后，看着红红绿绿的指示灯在稳定运行，我们就知道测试彻底通过了。至今还记得，2002年5月12日早上5点，我走出厂房，发现坂田基地竟是如此美丽，朝霞照在鲜红的华为Logo上，是那样的耀眼、醒目！

后来中国电信总工程师韦乐平来参观的时候，认真看了我们的产品，说："真想不到这个世界级的产品居然是一群不到三十岁的小伙子开发的。"

任何时候都构建核心竞争力

单产品的成功无法支撑传送网的长远发展，我们决心在自研芯片、技术创新、融合外部资源等方面构建自己的核心竞争力。

外购芯片价格昂贵，成本压力巨大，不利于我们在性价比上的竞争。从第一代传送产品开始，我们就走上了核心芯片自研之路。在人力非常紧张的情况下，依然抽调出最核心骨干员工投入开发。

当时，何庭波负责开发芯片，而我负责开发产品。由于产品和芯片都用到同一套仪表，经常出现我和她争夺设备的情况。为显示绅士风度，我每次都会让着她，但这不是长久之计，于是我们有一个"君子协定"：白天她调试，晚上我调试……

功夫不负有心人，第一代核心芯片成功交付，而后一系列芯片成功推出，累计销售超过千万片，使传送网"同步数字传输"产品在成本和竞争力方面持续领先。

ASON（Automatically Switched Optical Network，自动交换光网络）软件算法是我们引以为傲的核心技术。在很多国家，比如巴西、印度等，因为地理因素，通信光纤经常断，造成电话、上网不通，于是我们开发出了ASON技术。它相当于一个智能导航仪。如果把打电话、上网等比作汽车，通信光纤就是公路，公路发生异常中断后，ASON能够立即实时修改路径，找到另外的路线，帮助我们到达目的地。ASON应用于印度电信网络后，客户的首席技术官非常满意，说："自从用了ASON，再也没有出现因为光纤中断而导致通信中断的事故了。"

华为还在业界率先提出并实现了子网级端到端管理的技术，"所见即所得"的操作界面，"自动寻路"的智能化设计，让通信网络的维护变得异常简洁，软件和硬件相结合让我们的综合竞争力大大提升。

随着各个国家宽带战略的推进，迫切需要建设高效灵活的超宽带光传送网络。我们看准机会在超宽带领域发力，OTN（Optical Transport Network，大容量智能化光传送网）交换设备应运而生。

在通信领域，生产一种设备必须要考虑和其他友商的互联互通，所以大家要遵循一套标准。华为是第一个生产这种设备的厂商，所以首先需要推进技术标准的完善。

当时的华为，完全是个新面孔，在标准制定的委员会中，我们的声音相当微弱。刚开始，别说推进标准的建立，即使我们提议在将此作为议题在会上讨论，也会被百般阻挠。后来，我们意识到光靠自己单打独斗是不行的，而需要寻找自己的盟友。

我们首先找的是中国移动和中国电信。中国移动和中国电信在世界通信领域的话语权还是很大的，而他们也有做大产业链的需求，所以我们率先成为同盟，在国内通信标准化协会上，一起对华为提出的OTN标准进行充分讨论，结合业务实际确定标准路线。而后，我们再联合国外的合作伙伴和客户，在国际标准舞台上进行各类演讲、探讨。这时的我们有理有据，后盾强大，在技术上着眼未来的同时，也兼容传统，包容了很多不同的意见。

最终整个标准演进被一步步推动，到标准成型时，华为的提案占到整个 OTN 标准的 75%，在超宽带光传输领域，我们占据了制高点。三年内，我们开发出了设备，支撑波分产品销售在短短几年内大规模提升。

技术核心竞争力的构建，不是靠自己单打独斗，也可以在外部寻找。2002 年，一家拥有长途波分核心技术的公司计划出售，我们向公司提出了申请，希望能收购这家公司。经过讨论，公司高层认为这个技术是有前景的，尽管当时还处于 IT 的冬天，公司在流动资金非常有限、高层集体降薪的情况下，仍然批准了我们的申请。这个有勇气和智慧的决策在后来被认为是“传送史上最划算的一笔收购”。之后我们成功推出了能够支持超长距离的长途波分解决方案，助力我们快速成长为全球长途传输市场的领先者，并保持至今。

关键路径的选择在核心竞争力的构建中有着至关重要的作用。2005 年，我们准备开发微波设备，当时的微波市场基本饱和，各个现网厂家都非常强大，而且当时微波产品没有本土市场，一上来就要到国际市场去竞争。

最初我们准备启动常规微波，大家对市场能否成功并没有底。有一次，我们去拜访沃达丰，客户说他们传统窄带微波设备供应厂家已经够多了，但是新一代 IP（Internet Protocol，互联网协议）微波供应厂商还没有确定。在多方考量后，我们决定全力投入 IP 微波，事实证明这是一个非常正确的决策。

当时 IP 微波竞标沃达丰一个项目，由于华为在微波领域的品牌知名度不高，一线与研发兄弟二十四小时连轴转，经历了三次标书澄清，才扭转了沃达丰对华为 IP 微波的认知：由不信任和怀疑，再到逐步认可。中标沃达丰项目，标志着华为微波跻身成为世界一流运营商的合作伙伴，提升了华为微波的品牌。

但庆祝是短暂的，研发团队的交付面临前所未有的压力，沃达丰要求七个月通过准入测试。我们克服了芯片首次应用、技术不成熟的困难，并前瞻性地优化了华为 IP 微波产品架构，2009 年春节研发团队牺牲与家人团聚的时间，强力保障，最终通过沃达丰准入测试。IP 微波推出后，获得了巨大的市场成功，随后欧洲的其他运营商也向华为微波伸出了橄榄枝。

一定要攻克100G

有了核心技术，就有实力从 2.5G、10G 开始，向着 40G、100G 的高峰继续攀登。首先，有了前期的积累，我们在波分 40G 新技术上大胆投入，获得了领先优势，在欧洲等发达国家市场成为主流供应商，再加上新架构的 OTN 产品推出，2008 年我们的波分产品达到了市场份额第一。在如此大好形势下，我们没有一丝一毫的放松，将研发重心移向波分 100G。

100G 完全不同于以往，它是光通信技术高峰上最为璀璨的明珠，凝聚了光通信领域所有精华，并涉及众多跨学科知识，其尖端程度，必须依赖公司内外部资源才能实现。

2008 年 11 月，40G 破浪前行的同时，网络产品线成立了 100G 联合项目组。项目组被命名为“2091”。这个项目组是一个“日不落”的开发团队，以一批博士和专家带领的数百人团队，分散在全球各地，二十四小时不间断运作，他们的任务是攻占业界的“上甘岭”。在团队氛围上大家想了很多的方法，给予各个专家充分的尊重和信任，使每个专家都认为这是在完成“我心目中工作”。

2011年6月，是决定100G命运的关键时刻。在此之前，日本发生了“3·11”大地震，使得在日本加工的芯片在6月8日才能出厂，而我们要在6月15日荷兰皇家通信集团客户现场开通业务，6月20日在IIR（Institute for International Research，国际研究所）论坛正式发布。留给团队的时间只有七天，大家都认为这是“不可能完成的任务”。

“就算只有1%的希望，我们也要付出100%的努力。”整个100G研发团队开足马力，跟时间赛跑。项目组精心制定了“峨眉峰快速调测计划”，细细推敲每一个环节，管理可能出现的每一种风险，专家驻厂跟进电路板制作过程，一起克服各种困难。

6月13日18：15，代号“峨眉峰”登上飞往香港的航班；

6月13日22：05，“峨眉峰”顺利抵达香港，并于当晚和“深海”一同前往深圳坂田研发基地开始100G设备的紧急调测；

6月14日凌晨0：05，“深海”和“黑土”汇合，赶往下游环节；

6月14日8:12，各路豪杰齐聚光电实验室，开始各项准备工作。

6月15日凌晨，兵分两路，一路到阿姆斯特丹，一路到卢森堡。然而赶到客户机房，设备启动后我们却发现100G通信测试不通。给客户的承诺已经应允了，客户的海报都已经写好了，新闻稿也准备妥当了，当时面临的压力可想而知。办法总比困难多，深圳的专家团队一同想办法，出主意，但是设备仍然“罢工”。大家不停地尝试，不放弃、不气馁，不断地排除一个个缺陷，软件版本不断升级。站在

2011 年摩纳哥 IIR 论坛会场

一旁的行销主管在晚上十点还接到客户的电话，询问进展情况。客户也在质疑，到底行不行？功夫不负有心人，晚上十一点半，这个历史性的时刻，信号终于调通。幸福与喜悦顿时迸发，大家热泪盈眶。

2011 年 6 月 20 日，华为、荷兰皇家通信集团双方联合在 IIR 论坛发布了华为 100G。一百八十多家客户现场观看了 100G 业务演示，并远程观看了荷兰皇家通信集团现网 100G 运行情况。现场会上，客户对华为 100G 评价说："华为有很多经验丰富的专业人士，我希望后续能和他们开展更紧密的沟通和合作；同时将邀请我们的客户来参观 100G 测试，这个测试对我们的业务非常重要……"此后，100G 的订单如雪片一样飘来，2014 年大规模突破了对产品要求最严苛的日、韩市场，实现了真正意义上的腾飞。

不断前行的脚步

我们有一张特别的世界地图，上面标示着全球大T（重要电信运营商）的位置，传送网每进入一个大T，我们就贴上一个华为的Logo。到如今，华为传送网已经突破TOP 100运营商的八十家以上，为全球三十多亿人提供通信服务，连接着千家万户的通信业务和数以千万计的企业业务，连续八年保持全球份额第一。华为传送网的崛起，也为通信市场带来了繁荣。在光通信被垄断的年代，传输成本很高，我们经过努力，有效降低了通信费用，实现了人人可支付得起的通信成本。

如今，4K高清视频和移动通信5G时代带来网络流量需求的爆炸性增长，IT和CT（Communication Technology，通信技术）融合带来了“极简网络，极致体验”的网络转型机会，传送网作为“铁皮管道生意”（基础网络），我们面临着巨大的市场机遇。在这片信息汪洋中，我们的目标依然是“敢为天下先”，要从市场份额的领先者进一步成为行业的领导者。

我们，从没有放慢前进的脚步。

（文字编辑：龚宏斌）

部分网友回复——

不开腔：

记得以前征集“我爱光网”的一百个理由的时候，有一句话印象很深，“我爱光网，光网络，光的速度”。成绩的背后是辛苦的付出和执著的坚持！给光网络点赞，再创辉煌！

111:

敢为天下先！要领导行业确实不容易，传送还在路上。

逐梦与筑梦的时候：

为书写世界光通信发展传奇历史的团队点赞！

g00162952：

今年传送网二十年，回忆起与光速赛跑的六年青春，热血还是沸腾不已。

海坛岛主：

作为曾经的传送人，在收到二十周年纪念牌后，备感激动！

追击雷电的人

作者：熊　膺

1998年整个夏天，我和两个同事每天都在“救火”。

由于雷雨多发，华为的设备遭雷击损坏严重，先是传输产品，紧接着是交换机和接入设备，一坏就是一大片。没有专门的防雷团队，作为临时抽调的救火队员，我们每天都被突发状况搞得措手不及。一次紧急外出测试，我匆忙返回宿舍取行李，司机在楼外按着喇叭拼命催，我一不留神，“嘭”一下，整个人撞在了宿舍的玻璃门上。鼻梁撞破，连眼镜都撞碎一片。

我来到测试现场，捧着被烧坏的单板，更是欲哭无泪。搞不清楚防雷的设计、标准，根本是两眼一抹黑，漏洞堵了这一个，堵不住下一个啊！当时的我满心委屈，心里直犯嘀咕：为啥咱们的防雷这么落后？

现在回头再看当时的场景，实在有些滑稽，却很真实。从怕雷、躲雷到主动追雷、引雷，这一路我们经历了很多不可思议的故事。

研发人里最会开叉车的

1999年之前，由于在设计上缺乏考虑，各种设备的直流电源口防雷能力薄弱，成为雷击的“重灾区”。我们根据经验在直流口安上

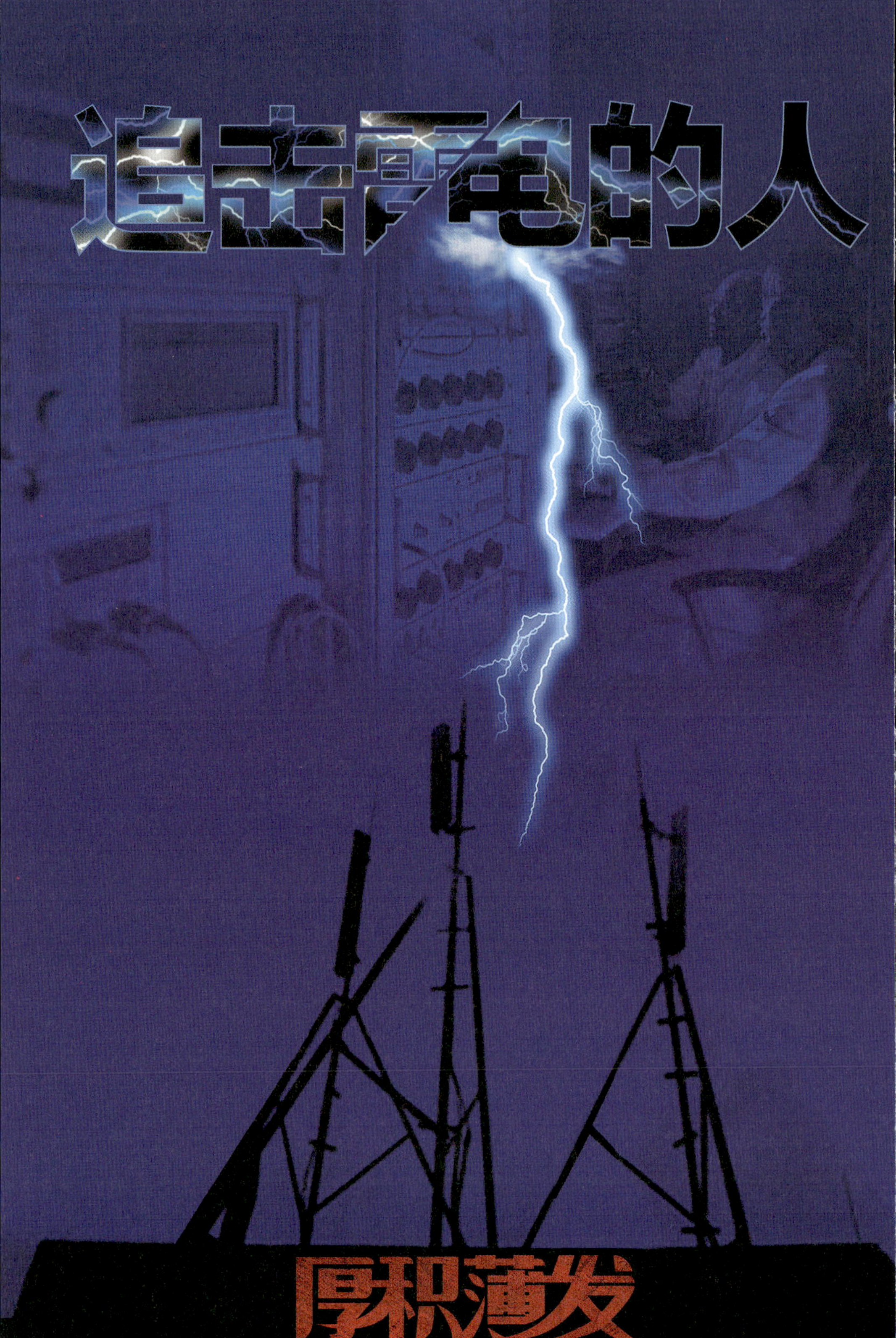
追击雷电的人
厚积薄发
HUAWEI STORY

了防雷器，暂时止住了问题的爆发，然而，要想治本，必须成立专门的防雷团队，在产品设计阶段就把防雷性能考虑进去。有一些“鼻青脸肿”经验的我也成为团队的一员。

第一次开会，偌大的会议里只坐了寥寥几个人，大家面面相觑：就我们几个新兵，能补齐华为几大产品线的防雷问题吗？好在不久后，华为电气几位颇有防雷经验的专家也加盟进来，我们终于拉起了一支像样的作战部队。

手上相关资料很少，更没有线上课程，我们只能利用空隙时间啃书充电，补理论、找案例，遇到不懂的，赶紧请教过来支援的专家；专家也解决不了，就再啃书……我们还请到国内通信防雷的领军人物刘吉克来讲课。这可是业界“大牛”，在防雷标准上有绝对的话语权。我们迫切地想要抓住每一根“可能救命的稻草”，培训的资料、笔记，都当作武功秘籍一样翻来覆去地研究，就这样把华为设备各个端口的防雷规格定了下来。

培训过后，我们八个核心组成员分别被分配了一个重点产品，涉及无线、交换、接入网……八个产品同时攻关。大家开始了各种防雷电路形式的尝试，在不同类型的端口上，按照不同电路设计搭配防雷器件。可这些防雷电路的效果怎么样，还得测试来说话。这个时候，我们突然意识到，公司没有专门模拟雷击的仪器，我们的方案到哪里测试去？

既无巧妇也无米，找到仪器才是当务之急！问了一圈业内人士，我们打听到广州有我们要的仪器，但要把实验的大机柜搬到测试现场。货柜车白天限行，我们只有等到凌晨才能跟车进入广州。那段时间，经常都可以看到一群大老爷们儿，三更半夜拉上几百公斤的大机柜，带着烙铁、电缆等一堆测试工具浩浩荡荡进城的大场面。

运到广州后，机柜太沉，还得出动叉车，把大机柜连拖带拽到实验室。几个月下来，作为司机的我，练就了一身的绝技，被同事们誉为“研发人里最会开叉车的”。

生产线上的“拼命三郎”

到了实验室，我们凭着经验鼓捣的方案，一测试就暴露了问题：预先准备的几个电路方案对通信端口的保护效果都不好！这个结果本在意料之中，我们的参考资料不是为通信设备而写的，肯定会有偏差，必须一边测试，一边探索适合公司产品的电路。

就拿电路方案验证来说，我们原本按照估计，只在防雷电路上装了一个防雷器件，可模拟雷击一“打”，不行，根本扛不住。好在我们有准备，立马又加上了一个防雷器件，满怀信心地一测——又瘫了！什么情况？这下我真着急了。现场解决不了，就要再回到深圳重新准备，一来一去这周就报废了。我想着，一定要搞出点名堂。好在防护电路都是自己手搭的，我仔细检查，发现它没有电感（用来配合防雷器件提高防雷性能的部件），于是，三两下将工具铺开，把电缆里面的粗铜丝抽出来，现场绕制了一个电感，这么一来，防雷效果明显改善。这个方法果然有效，我有点兴奋，不过它软软的像个毛毛虫，一移动就在板子上面晃，暂时也只能先这么凑合着用，到正式交付生产时再来改善。

说起交付生产，更是一把辛酸泪。由于很多设备没有考虑防雷，单板上没有预留位置，我们只能把防雷电路组装进一个盒子里，组装成防雷器，出具指导书，让技术服务工程师现场安装到设备上去。此时已经是2000年的2月份，离雷雨季节只有两个月左右的时间了，

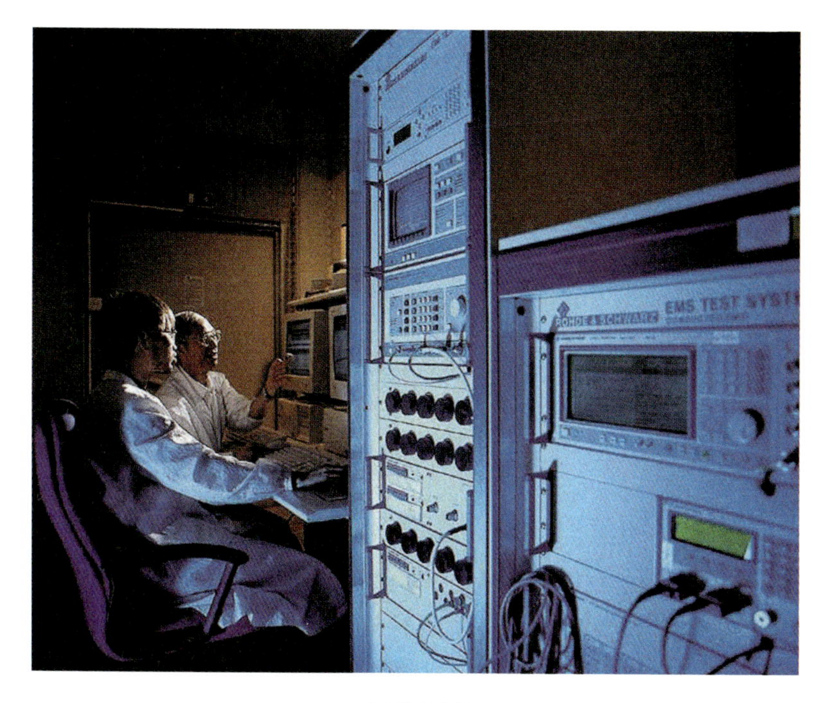

攻克技术难题

可是防雷器还在生产线上没有组装出来。

有一天，我们正在开会，主管陈敦利接到产品线电话，说发货日期已经定了，可是你们的防雷器怎么还不见踪影？他当场急得一拍桌子："叫车！我们自己上！"我一下愣住了："我们怎么个上法？"还没反应过来，我就和两个同事一起被他拉到深圳的厂房。

没有人比我们更了解防雷器，完全不需要培训，我们立马上岗。坐在流水线上，把焊接好的防雷电路安进盒子里，这活儿没有技术含量，可是我们一群搞研发的，忙活了半天，好不容易装起来一个，旁边的工人们早就组装好四五个了。抬头看看陈敦利，正认真地组装着，比谁干得都起劲，连饭也顾不上吃。厂商看着我们的样子，无比震惊：你们工程师都自己出马了，简直是拼命三郎啊！可三四天下来，我们的成效并不明显，胳膊和手倒是疼得不行。不过，我们亲自上阵让厂商感到了压力，安排了更多的工人来加班，紧赶慢赶，总算赶上了进度。

这些防雷器被运送到一线后，和设备组装在一起，取得了切实效果，防雷攻关产品的雷击损坏显著减少。

一场“一对多”的PK

吃过“打补丁”的苦，我们不再满足于救火、补漏，希望能介入产品开发的前端，从攻关的角色转变为支撑日常的产品防雷设计。人员的班底还是我们几个人，每个人被分到不同的产品线去支撑，与其说支撑，不如说是PK。对于我们的诉求，产品线都表示欢迎，但到底能不能做到？我们也要向产品线证明自己的能力。

我刚接手无线防雷工作不久，一个已经安装了防雷器的新产品就被雷电击坏了，产品线领导连连皱眉：“你们不是严格测试过了吗？怎么还是没用？先把防雷器做好再来谈介入前端设计吧！”

到了现场检查，我发现防雷器的放置位置完全不对，接地的方案也不合理，防雷器当然无法有效发挥作用。然而我的解释并没有赢得产品线的信任：“你们有什么证据吗？按照你的意见调整，知道对产品的工程方案影响有多大吗？”

问题没解决成，我灰头土脸地回来了，但是这么着也不是办法，不是对比产生美吗？我就想着把不同配置的防雷效果拿出来，给产品线看看到底我说得对不对！我详细分析了防雷电路产生作用的原理，经过了数次的删改和优化，还找了其他专业的人，看看他们有没有“阅读障碍”。拿着四十多页的文档，无线产品线的工程师很快被我说服了：“哟！还真是那么回事儿！”他们立即和我们一起说服产品线的领导，为防雷调整产品工程方案。

然而，PK 还没有结束。在具体执行方案过程中，我们与产品的硬件、结构等团队也不打不成交。拿结构来说，我反复强调：防雷器必须要安在机柜里面，放在单板的旁边才能起作用，但结构团队一脸不理解：“放进去就行了，那里就那么点空间，放不下！”“可是不放在这个位置，防雷效果很差。”“那你拿出证据来！”没办法，我又吭哧吭哧回到实验室，把防雷器安装在不同位置所呈现的不同测试效果绘制出来，给结构工程师一一讲解，才说服了他们。在方案落地的整个过程中，像这样的 PK 随时都在发生。

最终，按照规范安装的防雷器，扛住了整个雷雨季节的考验，雷击损坏率下降到几乎为零，防雷团队的技术能力终于得到了各个产品线的认同。

防雷大忌也敢碰?

进入分布式基站时代，RRU 被安装在铁塔上，可以降低信号衰减，降低建网成本，但这对小型化提出了挑战。射频、电源等都铆着劲儿要把自己的产品“挤”到 RRU 里。然而，我们的防雷电路体积太大，给小型化的进程拖了后腿。在一次评审会上，RRU 的架构师直言不讳：“大家的电路都是挤公交，你们防雷电路还舒舒服服躺在宽敞的奔驰车里。”

我们根本没法反驳：防雷器使用的器件多年都没有突破，如何做到小型化呢？大家反复头脑风暴，一个一个分析所有可能的器件小型化的可行性，前后规划设计了七套方案。可是最终都以失败告终。

设想不断推翻，方案止步不前，真的到了极限？“要不试一下用G器件？”王庆海提出。用这个器件能实现比传统器件小一半的电路方案，但却有一个致命的危险：一般的防雷器件完成对雷击过电压的响应之后会自动断开，保护RRU的同时自身也不损坏，但G器件的特性是承受所有雷击能量来掩护其他设备、电路，其电压调整存在很大技术难度，设置得过高，达不到防雷效果；过低，可能会错误响应直流电源，误伤自己，导致RRU损坏。更抓狂的是，这个电压在不同雷击情况下还是在不断变化的。

厂家听到我们这一“雷人”想法，几乎都是敷衍了事：“我们先回去研究一下……”有的厂家直接说我们异想天开：“你们这就是在电源线路上玩火！”可是，这是所有“不可能”中可行性最高的，如果这条路也走不通，那我们的小型化也许真的到了尽头。

或许是一种多年来的技术直觉，我总是觉得天无绝人之路，决定放手一搏，穷尽不同雷击的所有波形，把不同情况下的最合适电压“试”出来。作为团队里面的“老人”，尽管自己心里打鼓，却不敢流露分毫胆怯，不然下面的年轻人岂不是更没信心？一边扛着，一边鼓励更年轻的专家：“后浪迟早要将我们前浪拍死在沙滩上的，大家加把劲儿，让这一天来得更早一些吧！”

我们开始不断地自我修正。先是器件论证，然后仿真，再是设计，最后打样。为了找到那个临界点，每次验证一个电性能参数，我们要用电压一伏一伏的去测算……每次调整，都要重新优化设计，更改电路，重新打样，推倒重来。这样操作下来，每一轮设计打样都得持续两三个月的时间。

在这个过程中，测试验证伴随始终。每一轮需要涵盖的器件多达五六十个，每个器件模拟雷击不下十次，数据记录多达两千多组……几个月测试下来，我们的耳朵都是嗡嗡的感觉，人也晕乎乎的，通常一个大量级雷击后，嗡鸣声一直持续到我晚上睡觉。

每一轮都是带着希望、然后失望，重燃希望、再度失望，我们在这个循环往复的过程里挣扎了很长时间。最终，在经历了六轮设计打样和测试后，幸运女神垂青我们，满足各种条件的最佳方案被我们“试”出来了！

那一刻，我捧着手里的数据，喉咙仿佛堵住了一样，说不出来一个字，我在心里想了很多遍的欢呼、狂喜场面一个都没有出现……我们的防雷器体积下降到原来的一半，又一次甩开了对手，做出了业界从没有人敢想的事情。

捉住真实的雷电

欣喜过后，我们吃惊地发现自己被逼进了“无人区”。这个时候，靠经验来设置防雷规格再也行不通了，只有捕捉到真实的雷电，获得关于雷电的最精确数据，我们才能检验仿真模型是否合理、仿真结果是否准确，把防雷器做到更极致。

可怎么才能“捉到”真实的雷电呢？“火箭引雷！”队伍里有人提了大胆的想法。这个办法全球才只有三四个机构在搞，要么是气象，要么是国防，ICT 行业更是从未提过，但它获得数据精度最高，这对我们来说太有诱惑力了！

2010 年，我们和广东省气象局一拍即合，正式开始火箭引雷。拖着电源柜、电池柜，几个人挤在货车驾驶舱里，我们一路颠簸到中国气象科学研究院的野外雷电探测基地。

平时总担心雷击损坏设备，一旦去引雷，才发现没雷的天气

调试火箭引雷实验设备

广东省防雷中心的野外雷电探测基地——天气预报说第二天有雷雨天气，连夜搭建人工引雷环境

永远比有雷的天气多。得到消息还在路上拼命赶，赶到时天已经放晴……一天之内要在基地和发射点之间来回多次。有时候好不容易等到适合的天气，可雨势太大，试验铁塔有被闪电直接击中的危险，我们无法上塔安装测试电池，也只能懊丧返回。

眼看着雷雨季节就要过去，可老天不赏脸，一直都是晴热天气。9月3日小雨，我像往常一样早上6点就时刻准备着，大家目不转睛地盯着雷达和电场图，蹲守到8点，都一直没有适合引雷的条件。突然，卫星云图上看到一团云层即将路过引雷基地，气科院的研究员说："准备出发！"我们又一次气势汹汹地"杀"到基地，暴雨中，我们十个人挤在几平方米的"火箭监控室"蹲守，吃着混着雨水的冷饭，心情在希望和失望之间起伏不定。

晚上9点，我们已经持续蹲守十多个小时了。大家盯着雷达和电场图，紧张得直拽头发，看着云层中电场强度不断增加，心情越来越激动。"准备发射，三，二，一，点火！"火箭如利剑出鞘窜向云层，紧接着几道光芒刺眼的闪电击到铁塔上，我们被震撼得说不出话。不知谁先喊了起来，大家才回过神来。我们终于捕获到了闪电，成功将雷引到了我们的通信铁塔上，获取了极其宝贵的原始数据。

我曾经多次在电视里看到火箭发射成功时科技工作者们的狂喜，而在那一刻，我也深深地感觉到了这种巨大的幸福。

"追雷"十八年，我们从研究防雷产品，一步步走到研究雷电本身。如今，无论是滂沱大雨，还是电闪雷鸣，人们都不再受雷电因素困扰，能随时随地打电话给远方的亲人，与大洋彼岸的伙伴视频聊天……这些平常生活背后，是我们团队十余年的不甘心、不认输和不断尝试。处在这青春将逝的时刻，回望来路，无怨无悔。

（责任编辑：江晓奕）

心声社区
华为人的沟通家园

部分网友回复——

八卦不下班：

十八年，为了信号不被雷劈，不被电击，这些人简直是拿“绳命”在追击雷电啊。这些“雷人”不怕雷，根本就是雷神吗！

可以有 8 个呢为啥：

工匠精神，不是说的，是练出来的。

我换个马甲来爱你：

雷人变雷神，其中的不易只有自己知道。

霜冻的灵魂：

当初体验过追着雷电换板子，也给基站安装过防雷器。原来背后还有这么多的故事……敬佩！

塬上草：

华为人的专业和执著，促成了过硬的产品质量。

金字塔原理：

小时候读过一本书叫《接引雷电下九天》，讲述的是本杰明·富兰克林通过风筝实验收集和研究电的故事，经历了多次的险情仍然坚持思考和改进，这么多年都印象深刻。今天读了这个故事，为自己身边竟然也有这样孜孜不倦、追逐雷电的英雄而感到自豪。能在我们平凡的岗位中注入敬业精神，就是对社会最好的回报，也是对自己人生最无悔的回报。

h00146737：

枪林弹雨中成长是真正第一次让人知道华为为什么能成功。战略方向的正确，全体华为人的付出，这是一种可以传承的精神，不分年代，不分人群，只要是有追求的同路人一定能获得共鸣。

这个代码用我的名字命名

作者：高　亮

初秋的慕尼黑，早晚已有些微凉意，每天往返于德国研究所和住地，我很庆幸，在华为的第十年，在最好的年纪，能够来到全球科技最发达的国家之一工作学习，一圆当年的出国梦。

没有华为这样的大舞台，小小的我或许就不会拥有如此宝贵的机会；没有华为这样开放包容的环境，作为研发小兵的我也不会在一方技术的小天地里快速成长。时光漫漫，点滴回忆，拾些片段，分享一二。

小程序，大勇气

2006年，应届入职华为一年的我，加入到新产品OCS（在线计费系统）的开发队伍中。当时，视频通话、网上冲浪、游戏娱乐等业务如雨后春笋般冒出，单一的业务计费模式已经不能适应快速变化的电信市场，迫切需要一个对用户使用的各种网络资源、服务资源进行实时、准确、个性化融合计费的系统。OCS应运而出。

我们的第一位客户是广东移动。客户要求两个月内实现OCS每天凌晨能快速生成前一天的详细报表数据。简言之，导出三张报表，包括用户的余额信息、状态变更的用户信息等。数据的计算规则十

这个代码用我的名字命名

分复杂，项目组最初的考虑比较务实，只需按照当前的目标格式和规则，直接写代码即可实现。

然而具体分析时，我发现了一些问题：报表中部分字段的定义规则比较模糊，需要SE（系统分析师）和客户确认，这样统计结果不一定准确，还耗费人力；数据的存储位置发生变化时，会导致生成报表的代码需要频繁修改。而从长远考虑，如果业务量增加，未来是不是还会有第四张、第五张甚至更多的报表数据需要导出？

我想编写一个更加灵活的程序，它不限于机械地产生客户当前指定的三张报表，而是能根据配置生成任意报表。打个比方，原先是制造一个只能做“番茄炒蛋”的炒菜机，遇到“韭菜炒蛋”就不能工作了。如果有一个机器，只要输入菜谱就能炒出各种菜，岂非更高效？

我利用业余时间，编写雏形程序来验证思路的可行性，并制定了两个月的具体实施计划。虽然开发难度加大，时间也很紧张，但实践证明应该是可行的，于是我鼓起勇气对项目经理说了我的想法。没想到的是，项目经理（PM）爽快答应，但当时人手有限，只有新员工小张可以和我搭档，我说没关系，并拍着胸脯向PM保证能完成任务。

之后，我每天快马加鞭编写代码，优化算法，带着小张一起调试各种场景，回到住处经常是深更半夜，最终如期交出了新的程序。在同样满足客户所有性能指标的前提下，平均开发一张新报表的周期从原来的两周缩短至一天，效率大大提高。

后来，报表的需求果真从三个增加到十几个，而我们不需要修改主程序，只需要修改配置文件就能解决。这种感觉，就好像修炼“九阳神功”，内功修好了，招式可以千变万化，让人心中很是舒畅。后续其他局点，现场人员甚至可以按照客户的要求直接配置，减少了一线与研发来回交互的环节，也减少了研发成本，更加体现了程序的价值。

事后有人问我，为什么要加班加点去做这么费力的事？对我来说，也许它只是一个小工具，但实实在在提高了交付效率。人生会面临很多困难和挑战，我喜欢尝试每一种可能，尤其是对工作目标有更高的追求时，我会情不自禁地寻找最佳解决方案，并愿意付出更多的时间和精力竭尽全力去完成。

小青年，大奖项

“高亮，你做的这种语言编程效果不错，解决了交付的大问题，起个名字，就叫高亮码吧。”开发代表张钒说。

“领导，开玩笑吧，这也太高调了，人怕出名……”

“这不只是我的决定，产品线也同意了。你现在想不出名都难咯！”张钒笑着说。

这是怎么回事呢？且听我道来。

开发完报表模块后不久，我加入 OCS 主业务的开发中。OCS 通过配置数据就能实现各种复杂的功能，需要编写的代码量大为减少，从而能够更快地交付版本。但随着海量的产品交付，大量客户需求接踵而至，需要多人协同配置的版本管理出现了新的问题，比如设置成什么样，谁做了改动，改动原因是什么，改动孰对孰错，问题发生的环节在哪里……这些比对、合并、修订、回退等管理环节要耗费大量人力来回检视，协同开发的效率大受影响。

怎样才能既保持数据配置的优势，又能有传统代码开发成熟的版本管理能力？我陷入了思考。在查阅了很多资料后，我想到用可读性更强的文本格式来重新定义这些配置信息，也就是研发里常说的“伪码”。这种“文本格式”比一般的代码要简单易懂，和业务领域更加接近，又兼具版本管理的各种优势，技术上称为“领域语言”。

说干就干，团队很支持我的想法，启动了 CBDE（融合计费配置开发环境）项目开发。内部试点应用后，配置模式不变，但通过领域语言解决了多人写作的大规模配置场景下的版本管理问题，大家一下子就接受了这个新事物。

之后 CBDE 应用全面铺开，以前二十人的团队同时交付两三个运营商客户，都会有点吃力，现在同样的团队可以同时交付八个客户甚至更多，高效支撑了多个局点的交付。

公司对我的工作给予了肯定，为这个新语言精心命名为“glee”（首字母 gl 正是“高亮”的拼音缩写，glee 在英语中也有“快乐”之意）。至于中文名，就直接称为“高亮码”了。据说这是公司软件首次以开发者名字命名的相关实现，我备感荣幸。这份荣誉远远超过了物质所能带来的激励。

2008 年 11 月，我参加了公司成立二十周年的奋斗者大会，并获得了业务创新个人奖。没有包容、开放的环境，二十五岁的我，不可能登上公司级的领奖台。

小功能，大作用

老话说“前人栽树、后人乘凉”，可有那么一次，自己栽树，恰好给自己乘凉了。这又是怎么一回事？

2012 年，我参与下一代计费系统 CBS5.5 的开发时，编写了几百行代码，加入了一个不起眼的功能：系统中处理完每一个计费请求之后，都可以自动输出一份精简版的“处理摘要日志”，只额外消耗 5% 的性能，就能在现网随时开启日志看到我们的处理过程。

2013 年，CBS5.5 准备在巴林上线，此时的我已担任后方上线保障组组长了。这是 CBS5.5 全球第一个上线局点，又涉及十几个模块，我们要力保不失。

然而上线后没几天，真的发生了状况。我们发现有极少量用户的部分余额似乎被“冻结”了，只有特殊处理才能恢复正常。发生这种问题的用户很少，影响程度有限，我们很难根据样本量找到规律进行跟踪分析。

产品的各级研发领导很慎重，这个核心计费模块，不应当出现任何瑕疵，需尽快查明原因。我既是保障组组长，又是该核心模块的程序员，真是“压力山大”。在常规分析手段无果之后，我灵光一闪，脑海里想起了那个小功能。

我连续开启了一夜的摘要日志，经过一番仔细检查，果真找到了蛛丝马迹。依照线索，我又和开发测试人员进行了深入的分析和测试模拟，原来是和我们的计费系统对接的外部系统在某个特殊场景下没有遵从标准协议。得出这个结论时，天色渐明，大家如释重负，迅速给出了解决方案。事后我还心有余悸，要不是这个小功能，咱这个组长可要尴尬了，说不定还得多花几天时间才可能分析出来呢。

回想在 OCS 多年，从开发工具到接手计费核心模块，参与过很多大型功能开发和技术改进，获得过公司十佳 MDE（模块设计师）、金牌奖。然而这个小功能，却给了我特别深刻的记忆。

小功能也有大作用。有时候多想一步，多做一步，也许关键时刻就能派上用场。

小活动，大主持

如果允许吹牛的话，我想，我是主持界里最会编程的、编程界里主持最好的。

我热爱编程，也喜欢和人交流。我一直在想一个问题，华为程序员那么多，其中不乏编程高手，有什么平台能让大家交流各自的代码技术，甚至相互切磋，一决高下呢？想来想去，那就不妨来一场趣味编程比赛吧。

我用业余时间编写了“俄罗斯方块”对战的平台。与游戏网站的同类比赛不同，我设计的游戏不是人人对战，也不是人机对战，而是“程序和程序”的对战：程序员双方各自编写代码开发插件，让插件在游戏平台上进行 PK。这很像是“外挂”，但不是比游戏中的执行速度（当然都比人快），而是比算法策略。

这很符合程序员的口味：我也许不太会玩游戏，但编程技术很

我（左一）在主持游戏 PK

好，我编写的程序比赛策略可能比你好！如此一来，不仅比赛结果充满戏剧性，程序员们的编程技能秀也充满了趣味性。

平台推出后，我先发给几个同事“试水”，大家迅速被吸引，在业余时间玩得不亦乐乎。像星火燎原一般，比赛迅速走红，小组之间、部门之间相互开展了多次比赛，竞技平台大获成功。

2013 年，平台正式登上南京研究所“编码达人秀”的舞台，在研究所各大部门间进行对抗。更由于大家热烈响应，它被迅速推广到华为其他研究所，以及南京若干所大学校园的比赛中，吸引了一大批编程高手参与，涌现出很多高质量的作品。

2014 年，我推出第二季“推箱子”比赛平台，设计出更适合编程 PK 的竞赛规则；2015 年推出第三季“炸弹超人”比赛平台。一步一个台阶，此项活动已成为南京研究所的经典赛事。

在研究所和面向大学生的历届比赛中，作为比赛平台的开发者和比赛的组织者，我当仁不让地担任了一个新角色：主持人，成为传说中的“南研吴宗宪”，也算是当得有模有样。

苔花如米小，也学牡丹开。花犹如此，更况人乎？这些年，伴随着 OCS 从一个新产品逐渐拿下全球市场第一的份额，我也从一名小小的开发人员，一步步成长，走向 MDE，走向首席程序员。2015 年，由于我在领域语言方面做出的相关成绩，我被调入华为德国研究所，实地接触和掌握国外最新理论和实践，参与相关技术运用的设计和实现工作。

感谢十年来华为给予我的一切，让小小的我拥有广袤的学习提升空间，不断发挥和实现自己的价值。我始终相信，再微小的力量只要奋勇前行总有一天会发出大大的光芒。未来，继续奔跑！

（文字编辑：肖晓峰）

部分网友回复——

帝国绝凶虎的宝贝：

二十五岁的时候，能让自己的名字成为公司一段代码的名字，牛！也许做的每一件事都不大，但爱思考，总是多想一步，主动找方法、找答案，这种钻研精神，值得学习。

ET 外星人：

不局限于眼前的任务，长远考虑，一次把事情做对做好，这才是真正的工匠精神。

Weijones：

任何一个岗位都需要创新，小创新，大效益。赞一个。

实话实说 2000：

再微小的力量，只要奋勇前行，总有一天会发出大大的光芒。

潘多拉：

对代码充满热情，才能到达新境界。

光阴的故事

作者：孙　承

黄浦江浩浩江水，日日夜夜奔流不息。浦江两岸，昔日的十里洋场与摩天大楼交相辉映，尽显大上海的璀璨华丽。在这片繁华盛景二十公里以外，一栋巨型的玻璃幕墙建筑兀自矗立着，这是一座全长八百八十米的独栋办公楼，相当于两座平放的金茂大厦，建筑面积三十六万平方米。每天，这个神秘的“巨大玻璃盒子”像磁石一般吸引着上万名工程师出入此地。这里，就是华为公司上海研发中心，汇聚了世界顶级的通信人才，拥有世界一流的实验室，创造了移动通讯史上诸多成功的产品和解决方案。然而，如此规模宏大的研发中心，在二十年前，仅仅只是徐汇区斜土路上的四间办公室。

第一篇　历万险而傲然

睡在地上的高学历“民工”

王海杰，是最早加入上研所的研发人员之一。1997 年即将硕士毕业时，他最想去的是摩托罗拉。他说那时候搞无线的都想去摩托罗拉。这个二十出头的小伙子没料到最终会选择华为，更没想到十五年后，他将执掌华为在全球最大的研发中心，管理着上万人的研

光阴的故事
厚积薄发
HUAWEISTORY

华为上海研究所一瞥

发团队。

改变他人生轨迹的是那年夏天的一次相遇，几个自称“华为研发总工”的人钻到上海交通大学宿舍，跟大家一顿海侃：“要搞核心技术，去外企干什么？到华为来！”此时正值中国移动通信从第一代模拟系统向第二代数字系统（GSM）转换，华为正筹备在上海建立研究所，利用上海人才优势从事GSM研发。起步之初只有杨刚华、张洁敏、胡信跃等七八杆枪，急需扩充队伍，于是将目光瞄准了复旦、交大等通信专业的优秀人才。

“电话发明一百多年了，我们国家还没有建立自己的通信产业，我们这一代通信人，一定要做出中国自己的GSM。”杨刚华在上海交大的宿舍鼓动大家说。王海杰动心了，学了这么多年的通信，急切地想干一番事情，正是抱着这样的想法加入了华为。

王海杰回忆刚来上研所报到时的情形：“办公室在一个厂房的三楼，里面真黑真破，分了一台二手电脑，也没人管我，既兴奋又迷茫，旁边的材料堆积如山，很多新技术，学也学不完。”来上研所报到那天，他正巧碰见杨刚华、张洁敏一行扛着大包小包从深圳总部“学艺”归来，深圳、上海几地的研发骨干，一个个意气风发，开始了艰难而快乐的 GMS 之旅。看 GSM 通信原理、啃协议、做测试、四处取经……大夏天的时候，大家光着膀子在实验室调试，早晨再跑到卫生间去冲凉，累了就铺个床垫子往地上一躺，还听到楼里的保安议论：“这是一家什么公司，怎么老有一群民工在地上睡觉？”

不舍昼夜的学习，快速敏捷的开发模式，让整个开发进程十分迅速。1997 年 9 月，GSM 进入系统联调，由于前期开发节奏过于紧张，

上研所旧址 1：斜土路海文商务楼

上研所旧址 2：齐来工业城

很多问题在最后集中爆发，联调沟通会上，有人问杨刚华还有没有信心搞出来。杨刚华笃定地说：“这种智力为主的事，别人能做出来，我们就一定能做出来。”

中国自己的 GSM

1997 年 10 月 24 日是值得铭记的日子。这一天，华为 GSM 产品在北京国际无线通信展上首次亮相。设备早在三天前就运抵北京，参展的研发人员也都早早地来到现场调试设备，既兴奋又紧张，生怕打不通电话。

但往往越是担心的事情，越容易发生。在华为设备接入公网的过程中，问题出现了。设备入网从白天调测到晚上，始终无法接通，第二天一早就要开展了，大家急得手心冒汗，买来的盒饭也没心思吃，最后才发现是参数设置的问题，一番修改后总算通了！

第二天北京展现场，华为展台上方，鲜艳的五星红旗下“中国自己的 GSM”格外引人注目。展台前，各省运营商、友商、各部委蜂拥而至，他们都不相信华为能够在这么短的时间内开发出全套 GSM 产品，拿着仪器设备前前后后测试。一时间，华为成功展示 GSM 全套产品的消息轰动业界。此后不久，西方厂家的产品在中国市场的价格急剧下跌，在 1998 年之后的三年内迅速降低了 80%。

此时大家都认为，成功的大门已经打开，寄托了华为无线希望的 GSM，将很快成为公司的交换机第二和公司的支柱产品。殊不知，这才是万里长征的第一步。

移动通信市场历来“圈地为王”，由于国内 2G 起步远远落后于西方，中国市场的版图已经被摩托罗拉、爱立信等国外巨头垄断，延误“战机”的 GSM 在市场上举步维艰，迟迟打不开局面。

农村包围城市

“活下去是一切的根本。”2000 年左右，在夹缝中生存的华为 GSM 开始重新定位市场方向，把目光投向了广大的农村、乡镇等边远地区。此时中国的大中型城市基本已由西方通信巨头完成布网，余下农村等边远地区无暇顾及，很多人在城里买了手机，回到家乡却不能用。

GSM 瞄准此部分市场，设计了一款差异化竞争产品——边际网小基站，“小体积、低成本、快速建站”，可以帮助运营商有效解决乡村通信覆盖问题。市场人员回忆说，很多乡镇网络开通时，局方搬张桌子，乡镇里百姓排起长队等待放号。而这一时期的中国边远地区，也处处活跃着华为人的身影。

王其华是当时小基站的硬件设计工程师，对当年在农村爬塔巡检的经历很是难忘。一次巡检返回途中下起大雨，下山时汽车行驶的路面就像被涂了一层厚厚的油，虽然开得很慢，但在一段坡度比

2001 年浙江丽水——边际网开局

较大的路段，车沿着滑梯一样的路面自动往下滑，刹车已经不起作用，整个人几乎吓呆，还好最终车身靠着山路内壁停住了，有惊无险。

尽管条件艰苦，但这条起步于边际网市场的农村包围城市之路，让 GSM 诞生之初逐步站稳了脚跟。从农村到县城，从县城到市区，逐步扩大搬迁，正是这些插画似的不断布局和突破，华为 GSM 在全国移动和联通市场的局面才逐步打开。与此同时，GSM 在亚、非、拉等海外发展中国家也实现了连续突破。

定位决定地位

时至 2006 年，经数年苦心经营，GSM 初具规模，三年连续翻番，逐渐成为无线乃至公司举足轻重的产品。

当自以为可以喘一口气时，一场 GSM 历史上的重大危机出现了。

面对华为 GSM 的市场扩张，业界巨头亦加大投入，不断推出新产品，从成本、功能、性能等各方面对华为进行全方位阻击。GSM 产品在功能、性能上与对手的差距被不断拉大，全球不少项目拓展屡屡失败，市场形势异常严峻。

“定位决定地位。过去 GSM 的目标长期定位于二三流，结果做成了三四流的产品，真正打败我们的是我们自己，不是别人。追求的高度决定最终的格局，要做就做第一！”时任无线产品线总裁余承东如是说。

2006 年底，一款肩负改变 GSM 命运的产品——新双密度基站正式启动开发。“竞争力必须做到行业领先，GSM 反败为胜，在此一举。”GSM 产品线总裁何刚在各项目组开工会上说。

上研所陆家嘴软件园 9 号楼，作为 GSM 研发团队的大本营，每晚灯火通明。出租车司机深谙华为人的作息规律，每晚 10 点在软件园门口排起长队。

从开发部长、PDT经理、版本经理到普通员工，都以一种奋不顾身的努力向前狂奔。经过大半年夜以继日的攻关鏖战，新双密度基站如期推出，领先的架构和性能，让GSM产品有了质的飞跃，并迅速展现出强有力的竞争力。

2007年上半年，中国移动选择华为GSM全面搬迁成都市核心城区所有基站，时任SPDT经理曹明带领重大项目保障组成功保证了项目交付。出色的网络质量充分证明：GSM已经具备在全球任意网络进行交付的能力。

2008年年初，欧洲著名电信运营商Telefonica/O2将德国的GSM网络搬迁和扩容项目授予华为。

2008年5月8日，华为携手中国移动挑战世界之巅——海拔六千五百米的华为GSM基站在人类史上第一次成功传送出奥运圣火登顶珠峰的画面。

时至今日，华为GSM已经悄然成为业界出货量最大的供应商，产品应用于全球一百二十五个国家，服务全球十亿GSM用户。

第二篇　十年磨一剑

每等待一天多支出三百万

20世纪90年代，尚在2G领域艰难追赶之时，华为已将目光投向了3G，希望紧跟产业步伐，在3G时代彻底摆脱落后于人的被动局面。

周红、卞红林等回忆说："从1998年到2000年，用两年多的时间我们完成了从公式到模型仿真再到关键技术验证的工作，那时向公司汇报，估计需要投入两百人，花三年时间做出产品来。实际上八年后回头看，我们投入了近两千人，相当于当时全公司一半的人数。如果当时知道投入如此巨大，不知道公司是否还会坚定地投入？”

2000年，上海金茂大厦，这座辉煌壮观的楼宇见证了华为3G同样壮观的大团队作战场面。3G网络上的终端、基站、控制器等八个全新设备，深圳、北京、上海等上千人集中到上海金茂大厦六层大楼中大会战。

2001年，整网解决方案顺利打通，华为第一次与业界巨头同步推出3G产品，成为全球少数几个能够提供全套商用系统的厂商之一。这一次，华为人似乎就要迎来意气风发的3G时代。

但崛起之路注定坎坷。就在大家欢欣鼓舞、满怀对国内3G的憧憬之时，IT冬天骤然而至，全球IT泡沫席卷电信业，电信厂家纷纷裁员，国内3G牌照迟迟不发。华为3G业务在三年左右时间几近颗粒无收。

“那个时候天天期盼中国发3G牌照，2000年做产品计划的时候认为2001年会发，2001年预测2002年会发，2002年预测2003年总会发，上千人的研发队伍，每等待一天，就要多支出三百万，心急如焚。”当时掌管3G研发的万飚说。

而同时期，国内数家通信厂商由于投资“小灵通”市场，赚取了不少真金白银。在巨大的诱惑面前，华为决策层坚定地认为3G必定代表未来主流趋势，从未降低在3G上的大力投入——几千人的队伍，几年下来，研发成本消耗数十亿元。

一年，两年，三年……眼见国内3G无望，为了活下去，无线人员被迫转战海外市场。

扭转乾坤的利器

汪涛是无线3G最早一批开拓海外市场的特种兵之一。“卖3G太难了！西方的电信巨头们龙盘虎踞，压得我们喘不过气来。”后来成为无线总裁的汪涛回忆早期市场拓展的艰难时说：“做梦都想拿下一个单，前赴后继，不放过任何一个机会。当时任总也很着急，只要听到任何地方有3G项目，马上就飞过去。”

2003年底，华为终于得到了命运之神的垂青。华为中标阿联酋ETISALAT的3G网络，这个项目对华为无线来说关乎生死。在长达数年不计成本的投入之后，无线3G产品终于实现零的突破。

更大的转机出现在一年之后，2004年底，华为参与荷兰一家小运营商的3G网络竞标，在交流中了解到，由于站点租金、工程施工等建站总成本太高，运营商迫切需要一种既节省机房空间又能快速实施部署的全新解决方案。

时任无线产品线总裁的余承东和项目成员一起深入一线，到站点考察，讨论方案，在实地勘察和不断交流碰撞中，诞生了一个大胆的想法——分布式基站，即基站室内部分做成分体式空调一样，体积只有DVD一般大小，然后把大部分的功能抛到室外去。

然而，从方案构想到实现，并非一朝一夕之功。陆家嘴软件园2号楼的一间普通的会议室，被临时改造成一间办公室，负责方案实现的总设计师吴旺军，带领算法、硬件、软件等关键技术骨干，将办公室直接搬到了会议室，一边设计开发，一边讨论。

孟庆峰是算法组的一个小伙子，十年之后，他对当时激烈的技术讨论仍然记忆深刻，电路互联、光模块互联如何实现？可靠性如何实现？硬件散热安全等如何考虑？被大家称之为“旺总”的吴旺军，人如其名，在这个创新方案的实现推进上异常坚定，甚至强势，每次开技术讨论会，他先放出话来：“方案不确定，不能回去”“不同意这个技术点的，留下来继续讨论。”

一年以后，这款被业界称作“架构型的颠覆性创新产品”按当初构想诞生在上研所实验室。相对于传统基站，分布式基站体积减小到原来的十分之一，重量减小到原来的十五分之一，所有部件都可以手拎到现场，工程部署不再费时费力。

2006年7月，由于分布式基站的独特价值，华为大份额中标沃达丰西班牙3G网络，由此撬开了欧洲市场的铁幕，在拉美、欧洲、俄独联体、亚太等市场遍地开花结果。2009年，3G在国内斩获中国联通最大份额。也正是这一年，华为3G产品历时十年持续投入，实现累计盈利。十年磨一剑，没有谁会比3G人更懂其中深意。

在分布式基站取得巨大成功的同时，研发团队对基站产品更小型化、更大带宽、更高性能的创新性研究从未间断。

“要想彻底改变2G时代起起伏伏的被动局面，必须要有革命性的解决方案和产品。”2006年，射频领域的首席专家、公司Fellow吕劲松率领射频算法团队，向GSM多载波技术这一世界性难题发起挑战。

2007年底，上研所陆家嘴软件园903实验室，老吕带领的多载波项目团队，联合华为俄罗斯研究所算法专家，历时一年半，克尽全力，突破GSM多载波技术。不久之后，以此技术为基石的SingleRAN解决方案问世，通过复杂的数学算法，实现单一基站将2G、3G、4G以及未来所有制式融合在了一起，大大降低了运营商的投入成本，对移动通信产业带来的强力冲击，绝不亚于一次革命，一举奠定了华为无线的优势地位。

2008年，在德国Telefonica O2项目中，华为成功交付业界第一个2G/3G融合的SingleRAN网络；2010年，SingleRAN成为行业标准；

华为上海研究所一瞥

2013年，中国4G新三大战役告捷，奠定了华为4G时代领导地位的坚实基础；2014年，华为无线引领4.5G/NFV产业，实现从做产品向做产业的转身……

第三篇　再出发，以行践言

只有第一　没有第二

2010年10月，举世瞩目的上海"世博会"召开期间，华为人也迎来了一次意义非凡的大事件：位于浦东新金桥路的华为上海研究所基地落成。自上研所成立十五年后，八千上研人终于搬入期盼已久的新基地。

同年，整个华为公司，一场重大的战略调整正在悄然进行：面向未来数字洪水浪潮，确立了影响深远的端管云战略，运营商业务、企业业务、消费者业务并驾齐驱。上海研究所，作为终端旗舰机的研发中心，见证了华为手机的转身与崛起。

其实早在 2004 年 6 月，无线团队便以 3G 测试人员和部分平台人员为基础，在上研所组建了手机终端开发团队。2004 年底，经过发展培育，手机终端从无线分拆，开始独立运作。但这一时期，手机终端的销售渠道基本是和电信运营商合作，尽管取得了一定的销量，但在终端市场的品牌影响力微乎其微。

2011 年，在公司战略调整的指引下，华为手机舍弃白牌，正式进军全球手机市场。同年，原无线产品线总裁余承东执掌终端。老余素来以彪悍勇猛著称。“这么多年，华为人的心中只有第一，没有第二。”余承东说，“在我手里，华为终端要么做没了，要么做上去，没有第三条路。”

让老余底气十足的，不仅有华为人敢打敢拼的奋斗基因，更有华为数十年在无线通信领域锻造的雄厚研发实力：仅在旗舰机研发中心上海研究所，就拥有手机厂商中最大最全的电磁兼容实验室、六千部真实终端的大话务量实验室、最先进的音频实验室等八大网络 / 终端实验室。一部华为手机的背后，是全球强大的研发中心和实验设施。

以行践言

2012 年，诞生于上研所新基地的 Ascend P1，开启了华为终端

十米暗室实验室

的高端化进程。

2014 年 9 月，奠定华为手机高端市场的扛鼎之作 Mate7 在上研所研发中心问世。创新的整机架构设计让这款手机拥有业界最大屏占比，全金属机身、按压式指纹识别、一触解锁等创新设计，让 Mate7 一经亮相便惊艳全球，在各地市场持续热销，一机难求。

传奇有多动人，背后的付出就有多艰辛。作为 Mate7 产品总监，小龙回忆说：“在这款手机上，研发团队投入了太多的心血，一直奔跑在追求极致的路上。”“如何解决金属机身下的天线性能问题？如何把指纹识别做到最好用？如何在大屏、大容量电池和紧凑的机身间平衡？”面对重重问题，研发人员笑称，“有一种玩打地鼠的感觉，东边摁下去西边翘起来，有时候东边摁下去，三边都翘起来了，各种挑战面前，考验的不仅是实力，更加考验勇气和毅力”。

研发部长平哥说，在 Mate7 之前，其实已经有好几个版本的产品方案，经过一次次产品研发会议，经过一次次反复论证和调研，不断有产品方案被砍掉。这些方案，每次都是研发团队倾尽全力做出的成果，但稍有不满意，就要进行调整；如果还是不满意，就要推倒重做。

台前呈现出来的总是绚丽、璀璨，但背后所做的，全是不见光的活儿。为 0 .1 毫米的尺寸改结构，为万分之一的潜在失效改版面设计。正是这种近乎偏执狂般的完美追求，在这款产品设计上，华为手机实现了跨多代的极致改进，无论从外观、硬件规格还是用户界面，都有大幅提升，成为一款跨越性的产品。

“手机市场风云变幻，只有追求极致、不断创新，才能创造出消费者满意的产品。”版本经理小汪说：“我们不断翻越新的山峰，也不断看到新的风景，这就是我们的快乐。”

2016 年 4 月，华为最新旗舰机 P9 正式发布，这款由华为与德国百年品牌相机徕卡携手合作的首款作品，将手机摄影带上一个全新的高度。

五年前，全球智能手机市场还没有中国品牌的一席之地。五年之后，华为手机已经成为仅次于苹果、三星的第三大手机品牌。“未来五年终端的目标是一千亿美元，华为终端人向来无惧挑战，追求的高度决定了我们走向崛起的道路注定不平凡！”在最近的一次年中会议上，余承东慷慨激昂地讲。而作为华为高端手机研发中心的上海，注定将会创造这不平凡。

结语

在浦江东岸鳞次栉比的陆家嘴金融区，一栋塔形摩天大楼格外引人注目，它就是曾创造中国内地最高楼纪录的金茂大厦，那里也曾是上研所的驻足地。十几年前我第一次来上研所出差，在金茂大厦找不到办公楼入口，保安问你是华为的吧？我还小有得意，以为华为很出名，后来明白过来，原来出入金茂的金融白领们个个西装笔挺，只有华为人一身短裤拖鞋，当然“出名”。

如今，我仍然经常出差，每次乘出租车回上研所，提到去新金桥路，师傅也会问你是华为的吧？——这座新金桥路上的最长单体大楼，已然成为闻名沪上的高科技地标建筑。

从破旧厂房的四间办公室，到三十六万平方米的研发大楼；从几本英文协议到业务涵盖网络、终端、芯片的上万人研发队伍；从 2G 时代的跟随者、3G 时代的挑战者，到 4G 时代的领先者、5G 时代的领导者，上研所用二十年的光阴，书写了一段难忘的传奇。传奇的背后，是一代代匠心逐梦、薪火相传的年轻人，他们怀揣着改变世界的渴望，纵然千磨万击不改其志，不断探索、创造，厚积薄发，将梦想一点点变为现实。如同《光阴的故事》中唱到的，“流水它带走光阴的故事改变了我们”，而我们也在改变着世界，留下无悔的青春。

正如世间伟大的壮举总在默默中完成一样，当黄浦江水日复一日东流入海，看不见的数字洪水正汹涌而来，在大上海东北角的这栋大楼里，平凡的工程师们依旧日夜出入，他们正在创造下一个更美好的全联接世界。

（文字编辑：龚宏斌　胡姝娟）

心声社区
华为人的沟通家园

部分网友回复——

手机产品总监：

感觉就在眼前。当时在上海做摩托罗拉通信产品，跟摩托罗拉和朗讯打交道比较多，华为算是初生牛犊。转眼二十年，换了天地。

刀剑如梦：

路漫漫其修远兮，宜谨慎，宜反思，宜精进，弹冠相庆尚早。

StoneFly：

读文章让人热情澎湃，当事人则是如履薄冰。

smarthwr：

研发打不通电话和销售签不了单的压力，感觉是一样一样的。有幸作为客户经理参与了公司 GSM 边际网第一个大单，项目成功后被公司领导评价为“史诗般的篇章”。八年无线项目拓展路，从销售的角度看无线的迅猛发展，时光白驹过隙，心中感慨万千。

Wiscome：

很有成就感啊，这才是工作在获得薪酬之外的东西吧。

第一人称第三视角：

我觉得很赞。虽然没有经历过，但现在还是到处可见“随性”的华为人，短裤 + 拖鞋 + 床垫，奋斗一直在延续，精神一直都在。

陈柚子：

时间沉淀下辉煌，岁月垒铸起骄傲。“流水它带走光阴的故事改变了我们”，而我们也在改变着世界，留下了无悔的青春。

华为为我设立了一个研究所

作者：Renato Lombardi

“来华为，生活翻开新的一页”

2007 年底的一天，华为微波团队的 Denis Han（后任华为米兰研究所所长）联系我，希望我们能见一面。

第一次知道华为是在 2004 年。当时，在西门子工作的我，将微波产品卖给华为，用于华为在柬埔寨的一个项目。不久后我参观了华为深圳总部，去了高大上的 F1 展厅，见识了深圳的工厂，特别是看了华为的发展轨迹后，一下子感觉到：“华为并不是一家纯粹的中国公司。”华为的生产制造员工很少，研发人员占了非常大的比例，这样的华为更关注长远的创新和发展。回去后，我在西门子内部做了一个报告，告诉他们，华为作为一家跨国公司，虽然规模还比较小，但在将来几年甚至数个月，我们就能看到它发展壮大。

这一次短暂的“约会”让我对华为印象深刻，但此后并没有什么交集，直到这通电话的到来。

会面的那天，是圣诞节前一个特别冷的下午，在米兰的一家咖啡馆，Alex Cai（时任欧洲研究所所长）是面试官。与其说是面试，不如说是一次业务规划讨论会。Alex 非常坦诚地告诉我，华为的 IP 微波产品、ODU（Outdoor Unit，室外单元）依靠代工，竞争力不足，

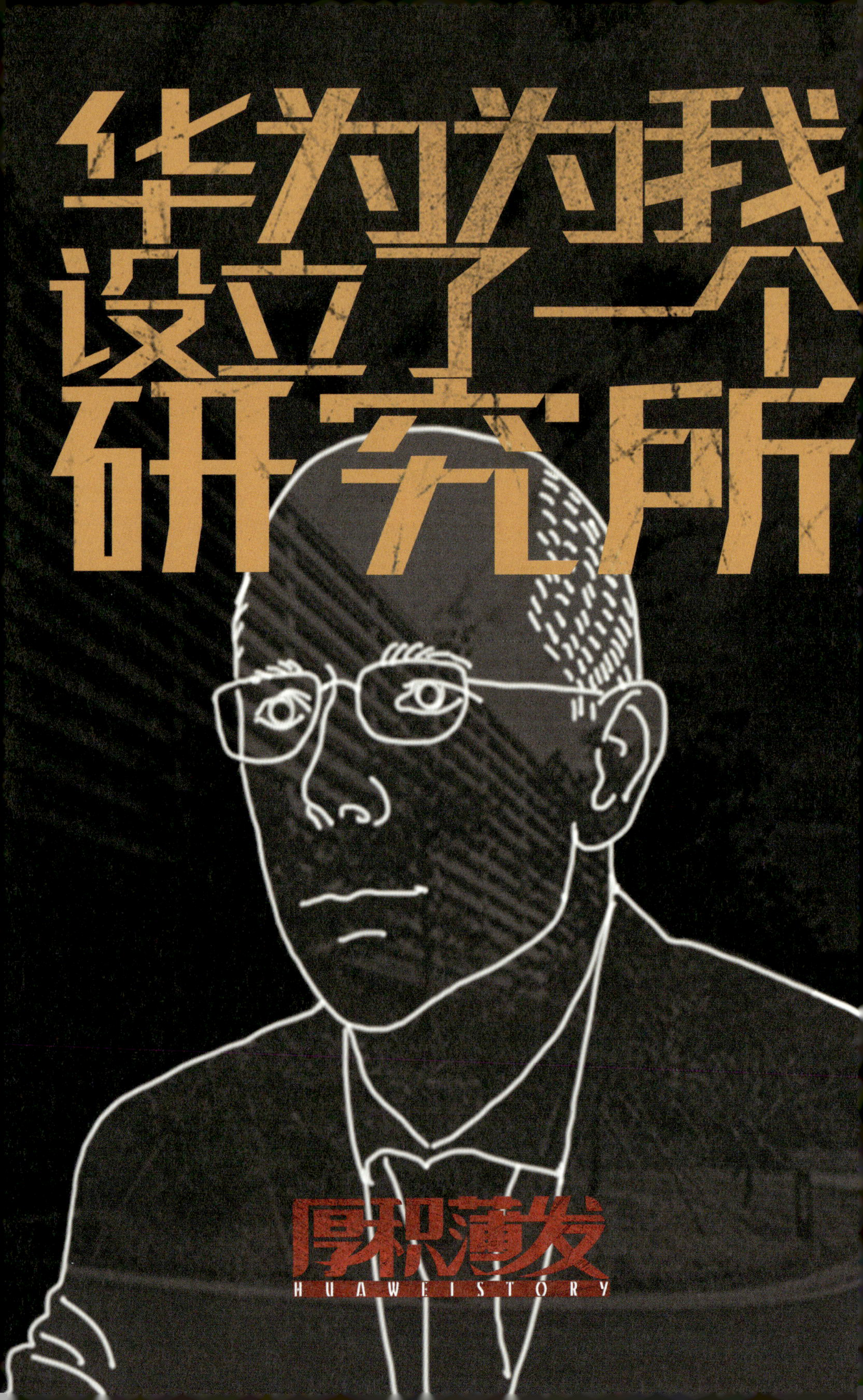

华为为我
设立了一个
研究所
厚积薄发
HUAWEISTORY

Renato 在微波能力中心成立典礼上留影纪念

人才也较为匮乏，他们希望能够找到微波的“明白人”，解决“ODU的自研开发”，“看清微波的发展方向”，构建 IP 微波的核心竞争力，打造华为微波的品牌。

我们讨论了一下午，一致认为，华为需要建立自己的微波研发能力中心，最关键的是要拥有充满竞争力的人才，因此最好建在人才聚集的地方。

大家不约而同选择了米兰。米兰是全球知名的微波之乡，诸多知名公司如西门子、阿朗、爱立信在米兰都设有微波研发和销售机构。还有如米兰理工大学等大学投入微波人才培养，人才资源丰富，微波产、学、研生态系统完整。

我们甚至讨论到初步规划：多少人，多少投资额，需要多少时间等。这让我极为触动，也促使我最终下定决心从一家西方公司来到华为。

我知道，一开始我在华为的职位会比以前低，而且离开一个工作十几年的地方，打破原来长期积累的人脉关系和资源重新开始，困难会很多。但我一直认为自己是一个充满激情、喜欢尝试新事物的人。在华为开启一段全新的生活，组建自己的团队，从事新的业务，还有什么比这更具吸引力呢？甚至可以说是一次重生（顺便提一下，我的名字在拉丁语里的意思就是“重生”之意）。就像翻一本书，前面的一页已经翻过去，等待我的是新的一页。

“抄近路”，打响头炮

筹建米兰微波分部的那段时光，非常有趣。

那是2008年的夏天，Denis Han、Logos Tao（时任西安ODU产品开发团队经理）、William Gou、Franco Marconi和我，五个人挤在华为代表处一间靠近咖啡机的小办公室里，声音嘈杂，空调也坏了，但我们一起憧憬着未来：租办公室，找合适的人才，从无到有地建立微波研发能力中心。唯有想象未来，才能熬过这个炎热的夏天。

我利用一切机会和资源向业界专家介绍华为和微波发展平台。最开始我找的是和我共事过的人，他们都是在业界有十年甚至二十年以上成功经验的专家，我们彼此了解，互相信任。就这样，最初的微波专家核心团队建成了。

组建米兰研发能力中心的同时，华为面临的业务挑战也到了紧要时刻。2008年10月，华为中标沃达丰项目后，产品的研发压力随之而来，客户要求几个月内通过POC（Proof of Concept，概念证明）准入测试。

我着手和中国同事一起建设测试环境。测试选在哪里合适呢？

当时，米兰的办公室刚刚装修好，还没有实验室，而华为在西班牙已经建有一个移动创新实验室，这是一个自然而然的选择。但我坚持必须在米兰测试，要让客户看到米兰华为的微波技术团队的承诺和竞争力，以此与客户建立长期的合作关系。后来，我们成功创建了联合创新中心。

我决定“先斩后奏”。一次和关系很好的客户共进午餐时，我问他们：“在下周和华为的正式会议上，能否请你们问问华为是不是在米兰测试？”一周后，客户告诉我：“Renato，你还不知道，沃达丰已经跟华为提出在米兰测试了。”

我为此兴奋不已，但没想到的是，客户选择在中国的大年三十（2009 年 1 月 25 日）测试。此时，距离测试不过几周的时间，我们必须非常快速地将实验室搭建起来。

测试工程师胡斌，带着十几人的团队来到米兰帮助我们。我记得有一个周末，我和其他意大利人像木匠一样，把一个个螺丝拧紧，一块块瓷砖装好。一般研究者不会去做铺地板、走线之类的事情，但微波分部就像我们的家一样，每个人都知道它对我们意味着什么。大家都认为这是米兰团队非常关键的时刻，相当于头炮，一定要打响。因此，每个人都很坚定也很投入，没有谁因为要在周末做这些事觉得有问题，都希望能够成功。

不到两周时间，实验室从无到有建了起来。但是产品版本还没到 TR4，我们就迎来了测试。

在西安和成都的中国同事也主动放弃了春节和家人团聚的机会，二十四小时全天候支持我们。每天，米兰、西安和成都三地的团队在客户测试结束后，就开始通宵定位和修改问题，改代码，编版本，不断地测试和验证。

Renato 给客户演示创新成果

这个时候我才理解，“Fen Dou（奋斗）”这个词的真实含义，以及这种鼓舞着华为人前进的价值观。

测试虽然磕磕绊绊，并没有 100% 完美，但在团队的紧密配合下，两周后我们通过了客户的考验。几天后，当时的固网产品线总裁丁耘来到米兰。我向丁耘解释为什么要在米兰测试，但还是有些担心，因为我“抄近路”，走了一些捷径。丁耘让我不要担心，他说，华为因为我，早就决定将测试放在米兰，而事实也证明这个决定是对的。

对米兰团队来说，这一次测试仅仅是开端，但非常重要。因为我们第一次向关键客户展示了华为的微波技术，向客户证明了华为米兰不光有研发设计能力，还具备行销、服务方面与客户的连接能力。我们深刻理解和实现了客户的需求。因此，就像汽车需要燃料一样，我也需要这场测试放在米兰。

当面临两种选择时，有时候我们需要提前谋划，而不是等到事情发生时才去行动。实际上，意大利人和中国人很像，会采取非常务实的办法：如果前面有一个障碍，绕过它并达成目标，是最简单的方式；如果不得不面对，我们就尽最大的努力克服它。

一年完成外界认为两年都做不到的事

2008 年下半年，当米兰微波分部初具雏形时，华为 ODU 的自研问题也提上了日程。

ODU 由合作厂家提供，在性能、技术特点、整体质量等方面竞争力不足，无法与老牌微波厂商匹敌。凭借在微波行业二十多年的经验和判断，作为团队成员之一的我，第一次出差成都期间，提出了“一板设计”的方案。这个方案在产品性能和生产能力上可以超越对手的“两板式”设计，但技术难度更大，对研发团队提出的要求更高。

大家就新方案进行了激烈的争论。我和米兰团队坚信这一判断，并试着说服其他团队。在经过长时间邮件和电话的“乒乓”后，我和其他微波专家决定从米兰飞赴西安（当时西研所刚被批准作为华为在中国新的微波 ODU 发展中心），和无线产品线的研发团队当面沟通。

那是一个寒冷的清晨，我和 Logos 一行几人，冒着寒风在古城墙上来来回回走了很久，边走边详细分析新老方案的优劣，试着提前预测所有可能出现的技术性和组织性问题。我对 Logos 说，我们有信心能够实现新方案，外界说华为两年都做不出 ODU 样机，我们会证明我们不仅能做到，而且一年就能做到。

我们讨论了足足四个小时。虽然彼此都知道新方案在技术上还存在一定的风险，但我们坚定了这一选择。

最后，我们成功了。我们不仅自研出室外单元，还推出了华为自己的微波产品。我的团队做到了！产品最终被命名为“XMC 系列”，正式的名称是 eXtreme Modulation Capacity（极高调制能力），但我立即想到，XMC 就是“西安、米兰、成都”的简称，意味着三地团队共同努力实现了产品的联合创新开发。

“用激进的承诺给团队压力和动力”

要打造业界领先的高品质微波产品，很多新的挑战等待着我们。在毫米波范围内的超高频电路设计是业界公认的难题。常规频段的微波产品设计和加工相对独立，到了 Eband（E 频段），将电路设计和制造工艺分开几乎不可能。如此高的频率，最微小的缺陷都会导致灾难性的寄生效应，因此在设计阶段，有必要考虑制造上所有可能发生的意外事故，还要保持适当的利润率。由于各种技术和后勤原因，包括在中国一些关键零部件进口困难，因此我决定在米兰制造 80 GHz 的部分工艺，也便于和科研团队保持更密切的连接。

我在米兰找到了一位经验丰富的微波制造顾问。在顾问的帮助下，研发团队掌握了制造流程和关键控制点，可以说是产品质量保障的“敲门砖”吧。我们设法制造出在高频下核心器件 SiP（System in Package，系统级封装）的高容量，在中国的工厂完成最后的装配。

因为从未做过 Eband 产品，在达成目标前，我们和生产线花了好几个月不断测试验证，解决问题。

那段日子，支持 Eband 的专家团队完全没有时间的概念，每天不知疲倦地不停做实验，寻找问题的原因。有一次，一个新的问题导致产量下降，我记得我和其他工程师从米兰飞到松山湖，和来自西安、成都和上海的团队一起工作，所有人付出成倍的努力直到找到根本原因。这次出差我至今记忆犹新，因为我在家中打篮球时不慎摔断了手，那期间我的手一直打着石膏。

让人高兴的是，我们解决了遇到的每一个难题。现在我们引领着微波行业，占据市场最大的份额。

“文化就是适应”

在公司八年，我经常遇到一个相同的问题：作为一个西方人，到一家中国公司，文化差异比较大，你怎么去适应？

我认为没什么特别。就公司本身而言，所有的大公司都有不同的组织机构，但往往有一些共性是需要我们去理解的：怎样在一家大而复杂的公司工作？

华为在欧洲的一些外籍管理者，很多曾在爱立信、西门子的总部工作，他们常问我在华为如何沟通。很多时候，我试着建议他们换一种方式做事。部分人没有意识到自己已经不在总部工作了（总部在中国）。无论何时何地，你需要适应新公司的价值观，新的领导以及他们的管理和工作方式，找到你的价值所在。

除此之外，还要了解中国，了解华为。理解了他们的文化和思考方式，才能更好地沟通。二十五年前我就来过中国，20 世纪 90 年代去过多省出差，每到一地，我都会到周边转一转，参观旅游景点，体验当地的特色餐饮和传统食物，慢慢喜欢上了中国、中国的历史和文化。

我会告诉团队的外籍专家，学习一些基本的中文，特别是“不要去意大利餐厅、快餐店或其他西餐馆，我们就吃中国食物”。因为

Renato 和客户讨论联合创新样机功能演示

这是我们能更好地理解中国同事的一个方法。很多时候，中国同事会问："你会说中文吗？"事实上，我不会说中文，但我会说三四百个中文单词。这是我的求生工具。

理解一个人比会说一门语言更重要。达尔文很多年前告诉我们，不是最强大的人能生存下来，而是适应新环境最快的人才能生存。

文化就是适应，就是尊重多样性。没有人希望我的行为像一名中国人，我是意大利人，但我深深地尊重中国文化和中国人，这也许是我的错误可以被原谅的原因吧。

"我喜欢看到事物积极的一面"

那么如何更好地适应呢？我的态度一直是：不抱怨，多微笑，看看事物积极的一面。

八年前的华为，就像一个十一二岁的小孩子，虽然长得很高，但并不成熟，比如在流程、制度等方面还不是很完善。有同事可能就会抱怨，甚至问我："Renato，你怎么从不发火呢？"我说，我们被聘为华为员工，是来发现问题、提出建议、解决问题的。任何公司在发展过程中总会有各种各样的问题，华为也不例外。如果没有任何问题，那还需要我们做什么？

而即便一开始融入团队也并不是很顺畅的，但华为主管尤其是高层的支持，是我之前从未遇到过的，让我能满怀信心坚持下去，并最终找到了和总部以及其他团队最好的配合方式。

我还记得，加入华为后第一次来深圳，见到了公司的高层领导，他们很直接地问我："你需要我们怎么支持你？"我很震惊。之前在其他公司找高层领导，通常只是去汇报工作。和高层领导沟通完两个小时后，我开始陆续接到其他同事的电话，他们已经从高层领导那里接到了任务。这样的领导力和执行力深深震撼了我。这之后，只要到深圳出差，我会给每位高层领导发邮件，他们总是会抽出时间欣然与我交谈，而到最后依然会问我："我怎么支持你？"

公司的成长、改进和变化，并不是在朝夕之间就能实现，我们需要去理解：如果路径是正确的，我们可以等待一些事情的适时发生。就像登山，一路可能会遇到很多蚊子，如果蚊子咬我，我也不会停下攀登的脚步，我只会拍一下它，然后继续前行，因为我的目标是登上山顶。

"我也是一头狼"

不止一个中国同事对我说："Renato，你很华为。"我一直认为，我的个性和华为还是很符合的。

在米兰的日子，我总是早一点到研究所，晚一点回家。和家人吃完晚餐后，我通常会打开电脑继续工作。除此之外，一年我有一百四十天左右的时间在全球各地出差，尤其是中国。出差途中，无论是在飞机还是在火车上，只要有时间我也会打开电脑工作。我每时每刻都在思考，只要有想法就会立即写下来。我真的很喜欢这份工作，也从未想过要在工作和生活之间画一条明确的界线，因为这就是我的生命。

微波团队也是如此。团队目前有五十多人，我不喜欢去看他们在做什么，我相信我的团队。我也不想过多地管理，事无巨细地告诉他们该做什么和怎么做。每个人都要对自己的工作负责。当你知道这件事非做不可的话，你一定会付出很多很多去努力完成。

我喜欢给别人看我的华为工卡，告诉他们，我的工号是900004，是华为欧洲研究院的第四位外籍员工，也是意大利米兰微波分部第一个外籍员工。说起来，也挺有意思。我经常作为唯一的非中国人在中国参加会议，我是华为员工，从当年破釜沉舟来到了华为那一刻起，就没想过半途而废。这么多年来，我一直都在。

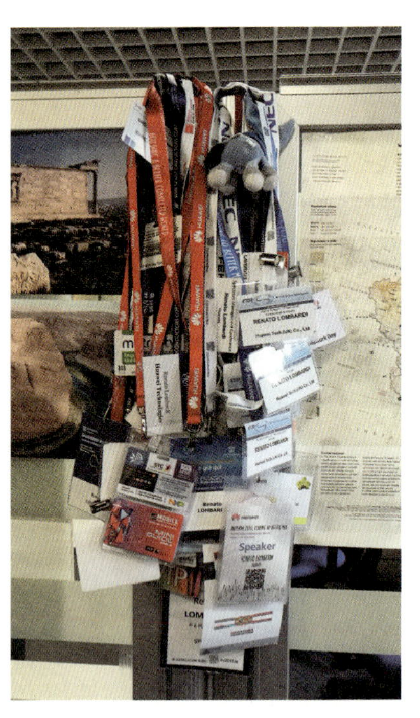

Renato 代表华为参加各种技术会议的与会卡

直到现在，我依然觉得自己来华为是幸运的，能和非常优秀的团队一起做着业界最前沿的研究，贡献着新的思路和想法。而华为米兰微波从无到有，从有到强，研究所就像我的孩子一样，已经成为我生命的一部分。展望未来，我更看到了米兰微波的无限机会。

有人曾对我说，华为人充满“狼性”，还好，我也是“一头狼”，因为我喜欢吃生肉和带血的食物，开个玩笑。在我看来，意大利人和中国人都是实用主义者。不论国籍，只要我们能提供大家想要的结果，一切事情都会为你打开门。

（文字编辑：肖晓峰）

部分网友回复——

神调瞎语：

比华为人还奋斗的意大利 Fellow！谁说只有华为人懂得奋斗的含义和价值？其实，道理在全世界都是相通的。

坐 office 的民工：

Renato 很多想法都非常正面和积极，只朝着自己的目标前进，很令人敬佩。公司的成长、改进和变化，并不是在朝夕之间就能实现，我们需要去理解：如果路径是正确的，我们可以等待一些事情的适时发生。就像登山，一路可能会遇到很多蚊子，如果蚊子咬我，我也不会停下攀登的脚步，我只会拍一下它，然后继续前行，因为我的目标是登上山顶。

| 李然：

感觉米兰团队有了 Renato, 就像是有了一个核心一样，使得全世界的华为人为了同一个目标而努力，现在越来越能理解全球团队是如何运营的了！

| 天天成长：

文化差异不可怕，只要目标一致，就能登上顶峰。

| KFC：

文化就是适应，就是尊重多样性。多少主管在本地化管理上面摔跟头，多少外籍人才流失，其实都应该理解这句话，而不是试图让所有人都变成一样。

| 蓝天下的鹰：

每一个领先的领域都是拼出来的，在全球任何国家都适用。

美学，让科技更有温度

作者: 殷媛媛

2014 年 9 月，一个阳光明媚的清晨，不远处埃菲尔铁塔耸立着，似乎向世人展示着它的荣耀。荣军院的金色穹顶在阳光下熠熠生辉，仿佛仍在诉说着法兰西胜利与荣耀背后无数为之奋斗和牺牲的英雄们的故事。

在一个宽大阳台上，法式咖啡散发着浓郁的香气，香气在光线的照射下逐渐晕染开来，沁人心脾。华为总裁任正非、法国著名数学家菲尔兹奖得主 Cedric Villani 先生、享誉世界的天才设计师 Mathieu Lehanneur 先生，三个在各自领域均有卓越建树的杰出人物围坐在一张圆桌旁，交流着数学、艺术、哲学和未来。华为法国研究所的工程师们和美学研究所的设计师们环绕在周围，静静地体味着他们的谈话。

我有幸目睹这一切的发生，这样的画面竟然离自己如此之近，却又似乎那么遥远。我的脑海中浮现出任总常说的一句话，“一杯咖啡吸收宇宙能量”，而这不恰好就是一个现场版的演绎吗？会后，任总询问我美学所的筹建情况并为我们鼓气：要大胆，敢于尝试，不怕犯错，错得多了最终一定能找到正确的方向。

美学，
让科技更有
温度
厚积薄发
HUAWEISTORY

这样温馨的画面将我的思绪带回到2013年8月的一天，我被通知，公司选择我作为美学研究所负责人来负责美学所的筹建，研究所设在法国巴黎。这个消息好突然。想到能够回到九年前曾经学习和生活的法国继续工作，让人无比欣喜，但短暂的惊喜过后更多的是紧张和迷茫。要知道，华为美学研究所是巴黎第一家美学研究机构，在业内并没有标杆，到底应该研究什么都还是未知数，需要我们自己来定义研究的方向并转化为价值。在这样的忐忑中，我完成了第一次和2012实验室总裁的见面，他的鼓励和指导让我逐渐地平静下来，初步明确了美学研究所的工作目标。

“美学所”筹建，确定选址

现在的美学研究所坐落在卢浮宫、奥赛和罗丹三个巴黎最负盛

美学研究所的露台

美学研究所的办公室

美学研究所的前台

名的博物馆之间，从办公室放眼望去，代表着法国辉煌与荣耀的荣军院和埃菲尔铁塔尽收眼底。

初到巴黎筹建，最重要的就是团队招聘和选址，我需要在最短的时间内挑选到一个集设计、艺术为一体的办公室。11 月的巴黎异常寒冷，阴雨连绵，地铁里冷风直灌，每天白天我穿梭在各区考察备选办公室，晚上回到宿舍查资料、写总结，最终锁定在了巴黎政治、文化与艺术的核心腹地七区；通过与不同业主不断的沟通和交流，最终有了四个备选方案。

经过公司批准，43 Rue Saint Domonique Paris 75007 被确定为美学研究所所在地。为了适应美学业务的特殊需求，我们对原有的办公室格局进行了调整。为了能让美学的专家们尽快拥有属于自己的办公空间，以便全身心地投入工作，白天我在国内自己画装修图纸，晚上与法国供应商电话沟通报价，这时候时差居然变成了优势。终于我们在三个月内完成了美学办公室的改造，于 2014 年 7 月顺利入驻。看着简洁而有格调的办公室，每个参与者都感到很欣慰。

定义“美学所”，组建团队

任总曾在巴黎向媒体发布：法国在色彩学上的积淀可以帮助华为的产品改变形象。我认为色彩的积淀就是源自于艺术的修养，艺术是一个十分抽象但又包容万千的东西。对于巴黎人来说，任何景物、人物和事物都可以被视为艺术，深深融入到了巴黎人的血液中。我猜想任总选择巴黎筹建美学所背后的重要原因就是：艺术！

法国在绘画、建筑、文学和哲学等领域的造诣举世皆知，在传承了这些历史悠久的手工艺精神的基础上，建立了一系列世界顶级

美学团队

的时尚奢侈品牌。毫无疑问，法国又成为现代时尚设计趋势的风向标。我深信只要华为能在巴黎把握住法国设计趋势的脉络，就能在一定程度上把握并引领全球的消费时尚。巴黎的优势毋庸置疑，对华为的影响和价值一定是积极正面的，但这个方向清晰却又迷茫：迷茫的是我们该做什么，怎么做才能到达“彼岸的罗马”？

徐迟在《哥德巴赫猜想》中说：“且让我们稍稍窥视一下彼岸彼土，那里似有美丽多姿的白鹤在飞翔舞蹈。”到彼岸的路从来都充满着各种不确定性，在未到达之前，你永远不知道彼岸是美好还是丑陋。在未知中前行，而人类的最伟大之处就是在前行中，努力地将不确定性转变为确定性，从而修建起通往彼岸的桥。那么美学所的路在哪里？

要解决这个问题，首先要有专业的团队。经过一年多的招募，美学团队在巴黎组建起来。团队成员包括来自汽车行业色彩材料的设计专家及品牌设计专家，巴黎乐蓬马歇百货视觉传达的设计专家，DIOR 精密钟表设计专家，CHANEL 数字视觉设计的专家和 BOUCHERON 珠宝设计的专家等。最后通过八个月反复碰撞与交流，我成功邀请到享誉世界的天才设计师 Mathieu Lehanneur 先生加入华为，成为首席设计师。他以人为本的设计理念融合了设计、科学、技术以及艺术的创新，其设计理念与华为的理念非常匹配。

就是这样一支优秀的团队，在项目创作期间常常会富有激情地吆喝一声："一杯咖啡吸收宇宙能量啦！"于是，大家去头脑风暴室激荡各种灵感。这里贴满了各种 Mood Board，对于设计发表不同领域、不同角度的专业看法。通过反复的思想碰撞，美学团队将为华为定义一个全新的风格而努力。

华为应该是什么样的风格呢？这是我们面对的颇具挑战性的问题之一。

我们认为，首先，新的华为应该是优雅并极致、简约的，因为极简代表的是未来。其次，它应该是真材实料的，因为自然真实的材料、精湛的工艺代表华为产品的品质和工匠精神，这样的产品和服务才能让客户对华为更加信赖。再者，它应是"华为红"的全新演绎，"华为红"承载的是华为二十九年的奋斗史，通过二十九年十七万华为员工的共同努力，华为逐步攻入"无人区"。现在我们是否可以用一种更为优雅、自信的心态来诠释新的华为？华为 Logo 必须是红色的吗？红色是否可以通过灯光、通透的材质等其他更加内敛的方式来表达？

另外，华为是一个高科技公司。科技能做很多事，更智能，更快捷，但人们关心的并不是科技本身多么有力量，而是科技能给我们的生活带来什么样的改变，让我们生活得更美好。如果想让科技被人们所接受，我们必须让科技转化成客户直接渴望的东西，隐藏在设计中，科技为人服务，它才能显得有价值。因此，我们应该用更人性化的方式来传达我们的形象和内涵，并让客户感知到华为始终以客户为中心，而不是给人一种冷冰冰的科技产品的感觉。最后，我们所处的是“数字交互”的时代，并且正在经历一个新的历史转折点，继工业革命与数字革命之后，我们进入到一个人际关系的新时代，数字科技改变的不只是“你”“我”，而是无数个“我们”与“我们”之间的交流方式，我们应该用新型的交互手段来增强华为与客户的交互体验。

就这样，美学团队把这一系列全新的识别应用在华为的产品、展会、传播、展厅和旗舰店设计等领域。我们希望能创造一个全新的更加开放和进取的华为风格，无论是产品还是空间，能让客户置身其中，即使看不到华为 Logo，也能感受到这就是华为。华为要传播的不仅仅是技术，更多的是人与人的联动和体验，通过这种体验拉近与客户的距离。

这个风格定位让我们整个团队无比兴奋，在得到公司多位领导的认可下，团队开始聚焦于这个定位并全面开展各项业务。

Agnès 是第一个到位的本地员工。入职初期美学办公室还未就绪，我便带着她一同回到深圳支撑终端产品 CMF 设计，此前她并未有过消费电子产品 CMF 的设计经验，凭借着法国人对色彩天生的直觉，她所设计的方案着实惊艳。两个月后，Apple 推出了第一代智能手表，看着怎么就觉得似曾相识？我找出 Agnès 两个月前在深圳设计的华为智能腕带原始设计方案，居然四款配色方案与苹果的配色方案一模一样。整个团队为之兴奋！任总明确要求在巴黎进行色彩学的研究，这再一次坚定了我们的信心。后来多个项目都不断证明，美学团队具备准确预言未来哪个阶段、哪种色彩、哪种设计风格能成为主流趋势并被消费者接受的能力！

就这样，在我们重新定位的华为风格基础上，设计了一个又一个项目，美学所的业务方向也变得越来越清晰：团队的能力和目标聚焦在趋势研究、创新设计和品牌设计三个方面。美学所应该阶段性提供趋势研究报告，引导华为全球产品设计的方向；将法国在奢侈品、钟表等领先行业和领域的经验转化应用到华为产品的创新中来；再将美学设计与VI、企业识别结合起来并延伸到品牌设计中，帮助进一步提升和改变华为的品牌形象。团队经历了一年多的努力，我们逐渐看清了“彼岸”的轮廓。

“巴展”设计，牛刀初试

“华为巴黎美学研究所作为华为公司在全球最小的一个研究部门，未来必将在华为全球范围创新发展中扮演重要角色。相信华为这一个冷冰冰的技术公司在有了美学力量的注入后将会变得更加有温度。”这段话来自2015年3月12日轮值CEO胡厚崑在巴黎为美学所做法国媒体开幕式的一段致辞。

我时常会问自己，在华为这样一个以技术为导向的公司，“美学”这样“飘”在半空中的部门到底如何着陆？又能够走多远？但这段发言深深地鼓舞着美学团队的每一位员工，因为我们的使命就是给公司增加“温度”。

后来，Mathieu Lehanneur和我向EMT做了三十分钟的汇报，任总指导说：“你们的责任就是‘改变华为公司形象’，就从2016年‘巴

美学研究所开张

展’做起，让华为成为 2016 年巴塞罗那的 TOP 1。”由一个成立不到两年的团队来负责“巴展”的展台设计，我顿时感觉到了压力。

露台外，东方明珠的霓虹灯闪耀着别样的光芒，东方的咖啡同样沁人心脾，我与雅克 · 塞盖拉（Jacques Séguéla）先生在上海再次相遇。他是欧洲创意的先驱人物，成功地将法国雪铁龙汽车、依云、LV、迪奥、法国航空公司、欧洲第一电视台等著名品牌推向了世界。为了能够做好“巴展”，我向雅克先生提了一个问题：您眼中的华为应该是怎样的呢？雅克先生思考片刻后回答，优雅、流畅、人性化的东方色彩。他认为，华为仅仅跟风欧美是没有出路的，一定要展现出自己的文化身份。

我们处在一个快速变化的新时代，只有面向未来、看得更远，才可以走得更远。企业形象的关键就是这个企业所蕴含的形象是否与某个市场消费者的文化认同接近。而华为是一个有自己独特文化底蕴的全球化企业，此刻需要做的就是在世界的舞台上展现自己的文化身份。因此，我们需要让创意成为发展的新动力，需要新的企业形象，以及随之而来的全新展示形式来创造这个未来。

在接下来紧张而有序的创作中，我们尝试着探索属于“华为技术的优雅”，如何用一种更现代化、人性化、轻盈、极致的方式来诠释华为技术的优雅未来。就这样，我们的方案逐渐浮出了水面：天空代表着无尽的未来联接世界；白色的华为 Logo 浮现在联接的未来世界之上，展示着和谐与包容的优雅东方气质，瞬间拉近了与全球客户之间的距离；华为 VI 的线球被展开后变成六根有张力的线条，代表着华为的爆发力和冲击力，这六根线条在全联接的世界里变得更加自信与流畅。白色华为 Logo 之下三个向上的红色箭头，代表

紧张备展

着华为在全球十七万积极进取的员工们，在充满激情的共同努力下创造了华为的行业领导地位。美学团队提出了一个全新华为“巴展”视觉形象设计的方向，进一步定义华为的声音、华为的形象、华为的设计语言来提升华为形象的高辨识度。

项目组同时也引入了两家国际知名设计公司参与设计。通过层层汇报和筛选，美学团队的设计方案最终赢得了大家的青睐。公司领导要求在接下来的设计中需要进一步思考如何展现出一个更加开放、合作、共赢的华为形象。

于是，我们在巴塞罗那六十七米宽的华为展台预留了二十七米的超宽入口，访客在入口处便能立刻感受到天空和光亮所带来的天地之间无穷无尽的遐想，玻璃的地面及十一个闸机、条形休闲长凳的金属镜面材料反射着四周天空的光芒。客户悬浮在休闲长凳上，如同沉浸在华为充满诗意境地的数字技术的宇宙中。这个巨大的入口同时也是一个让人休闲、分享、沟通的美好之地。这个开放的入口打开了一条通向天空的数据管道。

一条长长的中央大道穿过并浸润了整体空间，会场蓝天下一个

2016 年华为“巴展”展台

2016 年华为“巴展”展台

个白色人性化的小岛，带来的是华为携手合作伙伴和谐相处、合作共赢的理念。客户漫步其中就如同置身于华为未来世界之中，“未来”在华为数据管道与其他合作伙伴的共同帮助下，在今天得到了实现。

二层楼面环绕的主要空间是会议室及休闲区域。会议室后面隐藏着优雅的木栅栏阳台，提供了 Open Roads 贯穿整个中央大道的最佳视角。在空间的中心，漂浮着巨大的蓝天白云圆盘，指引着客户们体验华为数字科技的旅程：在这个拥有数据管道、和谐共赢的空间里通过分享和沟通塑造了一个全新的华为。从上海的灵感碰撞，到巴黎原始概念设计，再到汇报，“巴展”项目经过了八个月的反复设计、汇报及修正；从六千平方米钢结构预搭建的现场设计调整，到“巴展”每一件家具与灯具的色彩和材质的现场搭配，美学团队定义了详细的设计规范，指导“巴展”在视觉传播、影像、印刷等方向设计的一致性，再到“巴展”制服、会场喷绘制作色彩及质量确认，最后到巴塞罗那三周搭建的现场坚守。美学所的各位专家反复穿梭于各个城市之间，无论是多次忙碌到深夜2点，还是预搭建现场遭遇暴雨袭击，抑或是施工现场三周尘霾噪声下的坚守，他们抓住每一个细节，确保“巴展”展台的设计体现华为更加开放、包容、谦虚的领导者形象。

在“巴展”现场，一位客户向我们说：“‘巴展’华为展台我来了十年，并没有很大变化，没想到今年有这么大变化。以前的华为展台总让人觉得很神秘，今年的展台非常开放，展现出一个更加自信和包容的华为。”

结语

“巴展”结束，美学团队围坐在加泰罗尼亚咖啡馆。西班牙咖啡一样的浓烈却又不同，“巴展”几个月的艰苦工作如同咖啡般苦涩，但客户对华为整体形象的感受，如同咖啡的清香萦绕在我们每个人的心头。大家谈论着加泰罗尼亚的艺术，激辩着华为新的形象、新的表达。美学所用咖啡吸收着世界美学的能量，这难道不是一个美学的“罗马广场”吗？

（文字编辑：龚宏斌）

部分网友回复——

y00339319:

企业的国际化，不仅仅是拥有覆盖全球的生意能力，而且是拥有全球的胸怀和视野，博采全球之长为我所用。

l00373695:

展台设计很漂亮。希望这种新美学概念可以应用到更多业务领域，让更多消费者刷新对华为品牌的传统认知。

d00390775:

展台的感觉非常棒！我们的产品需要加油才能配得上这样的设计感觉！优雅，流畅，人性化的东方色彩，不错！

从“蓝军”到“红军”

作者：川　成

2015 年 3 月 4 日，在快门的咔嚓声中，华为产品与解决方案总裁丁耘快步走上台，从 GSMA 主席手中双手接过世界移动通信大会“最佳移动设施”奖杯。

“该奖表彰华为通过 Small Cell 技术帮助移动运营商以资本最优的方式，提升室内移动宽带网络的覆盖、容量和质量。”颁奖词掷地有声，现场掌声雷动。镁光灯下，屏幕上硕大的华为 Logo 特别闪耀。

Small Cell（小蜂窝），这个略为陌生的名字，开始频繁出现在各大获奖榜单中，全球市场需求纷至沓来。这十年，在各种不确定性中，我们有幸等到了属于我们的机会。

无线“蓝军”的诞生

2005 年，我怀揣梦想走出校门，成为华为一名普通的软件工程师，开始了我的无线通信生涯。那时候，华为的 2G 产品仍是主流，3G 尚在探索期，但已有专家预测，移动用户数据流量将出现爆发式增长。一种应用在家庭和办公区等室内环境的新型无线通信基站——Femto，越来越多被提及。

Femto 安装非常容易，哪里信号不好就放置一个，可以快速改

从“蓝军”到“红军”

在“巴展”领奖

善信号。运营商都很看好，很多咨询公司也纷纷预言 Femto 时代的到来，预测到 2010 年，全球年发货量可以达到数百万台。

在传统的电信行业中，无线网络是以部署宏基站为主，但技术门槛相当高，只有大厂商可以生产。Femto 的出现，让对 CT 行业垂涎欲滴的 IT 厂商看到了希望。与此同时，芯片厂商也争先恐后地推出系列化芯片，让无线通信基站的开发可以像做 Wi-Fi 一样简单，大大降低了准入门槛。

一时间，我发现，身边有超过一百家企业可以做无线蜂窝基站，我不少同学也加入了一些名不见经传的小基站公司。为了生存，这些小企业习惯性地打起了价格战，市面上的产品五花八门。毫无疑问，这导致了网络解决方案的低质、低价，与高可靠性、高稳定性的诉求南辕北辙。

在这个背景下，华为无线产品线高层做出了一个慎重而又有创新性的决策：在无线内部组建一支“蓝军”，专注 Femto 端到端解决方案。所谓蓝军，是指在部队模拟对抗演习中，专门扮演假想敌的部队，可以模仿世界上任何一支军队的作战特征与“红军”进行针对性训练。无线建蓝军的目的有两个：一是模拟那些 IT 厂商等假想敌，不断挑战传统产品团队，逼着我们不断“强身健体”；二是依托公司深厚解决方案技术的功底，以优异的网络表现，正面对抗 IT 厂商。

2007 年底的一天，我正在为一个交付特性的难题而冥思苦想，主管把我叫到一个小会议室，给了我一个选择。他说：“产品线要组成 Femto 研发团队，想让你担任某组的 PL，你愿意吗？”踌躇满志的我，毫不犹豫地答应了，带着几个新员工投入了轰轰烈烈的战斗

2008 年 7 月 Femto 搬迁成都研究所誓师大会

中，不久就跟随六十多人的 Femto 团队来到了华为成都研究所。

迎接我们的是在孵化园租用的一层办公室，狭小的电梯门上悬挂着华为最流行的大红色横幅——“起点在上海，辉煌在成都”。如今，每次去成都研究所出差时，在 U1 专门的 Small Cell 展厅看到各种精致的产品，总会想起当年的这幅红色大横幅。

遭遇Femto之殇

2008 年，恰逢中国大规模部署 3G 网络，也正是这一年，我用上了我的第一部大屏智能手机。然而在室内，手机屏上却经常显示只有 2G 信号，打开一个网页慢得让人抓狂。国内某运营商为了能快速提升室内网络质量，将目光瞄到了 Femto 这种新基站形态上，基于对华为多年的信任，提出采购一百万台 Femto 的要求，还特意选择了在 2009 年 5 月 17 日国际电信日正式商用。

是的，不是几万，也不是几十万，而是一百万！早就听说公司的 GSM、UMTS 在初期都是步履维艰，而我们组建才一年多，就收到这么大的订单，怎能不让我们这帮初出茅庐的年轻人兴奋得跳起来。当主管冲进实验室，告诉我们这个振奋人心的消息时，整个团队都沸腾了。当晚，我们组团去吃了一顿火锅，红彤彤的辣椒在锅里翻滚着，大家大口喝着酒，大声说着话，心里憧憬的是美好的未来。

第二天，Femto 开发部组织了一次全员动员会，喊出“今天我们拿下百万大单，明天我们要让有人居住的地方就有 Femto”的豪言壮语。

一切从“芯”开始，这是无线基站成功的秘诀。我们毫不犹豫地选择了站在巨人的肩膀上，做一块属于自己的专用芯片。然而，随着开发的逐渐深入，各种问题也陆续出现。项目开始出现了延宕，急躁与不安的情绪开始在团队中蔓延。“5 月 17 日”在我们眼中已经不再是胜利的彼岸，而是一把悬在头上“达摩克利斯之剑”。

为了确保芯片在 2009 年 1 月 1 日元旦前回片，我们提前做了细致的安排。主管又给我们下一个内部动员令，组织了一支特战队，硬生生将从芯片回片到产品发货的十个月交付周期，压缩到了五个月，按时交出了华为第一款 Femto 基站。

这是我负责开发的第一款商用产品。当我第一次见到它，就像第一次见到我刚出生的“女儿”，周围的空气都凝结了，我把这小巧玲珑的盒子放在手心，轻轻地抚摸，生怕它摔坏了。这款产品给我们带来了很多荣耀：第一个获得“红点奖”的无线产品，第一个在公网上商用的产品，第一个在家庭即插即用的产品……

正当我们准备举杯相庆的时候，却收到了客户取消订单的噩耗。主管不停跟我们解释，不是我们做得不好，是运营商建网策略发生了变化。可我一句话都听不进去，脑子里过胶片似的，不断回放那两百个开发的日日夜夜，我的兄弟们跟我一样，静静地待在实验室继续干活，却是一片沉寂。

随后的三年里，在继续优化产品的同时，我们每天都在等待市场破冰的消息。国内外二十多个运营商的网络商用，多则几千台的小规模尝试，少则几十台的实验局，我们不断看见希望，又不断失去希望，“发货百万”的壮志随着时间一天天流失，“有人居住的地方就有 Femto”成为心底里遥远的梦。

最终，运营商也渐渐抛弃了这个概念。我们四年累计总发货量也不足十万台。部门从鼎盛时期的一百四十名人，缩减到了七十人。

难道就这样放弃了吗？

想不死就得新生

2012年，以高通、博通等芯片厂商为首的Femto阵营，迎来了一位新“带头大哥”——C公司。C在“巴展”上提出Inside-Out战略，表示要通过室内小蜂窝吸走所有的流量，彻底颠覆传统的宏蜂窝网络。这套完整的Wi-Fi长蜂窝的解决方案，可以使已部署的Wi-Fi AP经过简单改造，摇身一变为无线基站。

同时，C结合其渠道优势，积极地探索一种新的商业模式，将无线蜂窝设备通过渠道商卖给企业主，然后可能反租给运营商进行利润分成。这样一来，流量将不在我们多年来和运营商构建的宽管道上面，室外宏蜂窝网络很可能成为网络配角。我被这个创新彻底震惊了。

这时，我才发现，号称蓝军的我们，这几年只埋头于做盒子，而没有去了解小蜂窝的整体解决方案和市场信息，做出了一个个孤岛，却没有连成整片的网络，对运营商来说肯定没有吸引力。于是，我决定去产品管理部，洞察市场，端到端看产品，做出最有竞争力的方案。

我的新工作是拉着研发SE在各个层面展开大讨论，系统性地想清楚商业模式。当时，市场上最主要的室内覆盖形式是室内分布天线系统，也就是我们在商场、办公楼中常看到的“蘑菇头”，这个系统仅能提供语音和低速率的数据业务，无法满足日益增长的高速数据业务需求。

各路专家提出了不同的竞争构想，总体分为三派：激进派想用Small Cell，全面取代“蘑菇头”，将传统室分市场抢夺过来；温和派提出，改良“蘑菇头”，与其他方案平分天下，既节约投资又有利可图；保守派认为，室分市场受非技术因素影响非常大，难点在于跟物业谈站点选址，应利用已有宏蜂窝解决方案，加快室外打室内的战略。

大家争执不下，但战略时机转瞬即逝，再拖下去，什么都迟了。为了能够尽快收敛讨论，我们团队组织了多次的封闭研讨和内部红蓝军 PK。最终大家同意，用室内分布式数字化蜂窝系统 LampSite（小灯站），进攻室内覆盖市场。之所以命名为 LampSite，是因为，我们希望无线室内基站能够像安装灯泡一样简单，像灯一样照亮每一栋楼宇。

想不死就得新生。我们满怀激情地开始了第二次创业。

“下不来”的讲台

带着集体智慧的结晶，我信心满满地走上了 IPMT（集成产品管理团队）的立项汇报讲台。没曾想，这一上讲台就下不来了。

在 IPMT 会议上，我连续两次遭受到了职业生涯中最强烈的质疑，面对委员们的挑战，我勉强招架，额头上的汗水不停往下流，很快浸湿了衣服，而房间中的空气仿佛瞬间凝结在一起，让我无法呼吸。纵使整个方案已被虐残，也逃脱不了“不通过”的结论，我脑子一片空白地走出会议室，真不想再继续下去了。

会后，主管开车送我回家，那天阳光很刺眼，风很大，主管看出了我的灰心。他不动声色地说：“小蜂窝是无线最贴近 IT、最有创业精神的产品，创业的道路永远不会一帆风顺，有质疑才有改进的方向。”我明白，因为有前车之鉴，所以无线产品线对于 LampSite

这个全新解决方案的决策会更谨慎，但只要我们把这些疑问都回答清楚，就能让大家动心。对这个我做了五年的产品，我有一种别样的感情，还想再坚持一次。

接下来，我们发起了与机关服务产品线、中国区、东南亚、南太等多个一线销服团队的对表，进行更深入的摸底调研，彻底摸清市场空间和产业链的运作规则。我们不仅确保要在技术上有领先对手的优势，更要证明 LampSite 在商业模式上也能取得成功。

这次我们准备了一套上百页的材料，从市场空间洞察，到技术竞争分析，再到交付策略步骤、营销策略，全部囊括进来。我们不仅针对 IPMT 委员的遗留问题做了详细的回答，更大胆提出，汇聚产业资源打造产业平台，进行利益再分配。

最后，我终于等来了期待中的结果——方案立项通过。我清楚地记得，会后主管特意发一封邮件给我们团队："你们好样的！"

最挑剔的客户说："第一口螃蟹很好吃！"

立项虽然通过了，但没有商用项目支撑，再好的想法也只是一张没用的图纸。没有运营商第一个吃螃蟹，怎么办？

我索性拉上研发同事一起去日本——这个移动宽带最发达的市场去寻找商机。在当时的日本，东京银座等热点区域的数据流量，正呈现爆发式增长的态势，传统解决方案根本满足不了市场的需求。

时任无线产品线总裁汪涛将 LampSite 推荐给日本某大 T 的 CTO，客户一看到就爱不释手，口中喃喃地说"这就是我想要的"，并频频跟技术团队嘀咕着。我司在场的翻译听到他的话，兴奋地告诉了一线行销的同事。果然，几天后，一线就收到了客户的正式邮件，希望华为尽快为其提供完整的商用解决方案，并承诺提前预支研发费用。

在最关键的时刻，客户给了我们宝贵的机会，汪涛语重心长地说：“你们一定要帮助客户真正解决室内流量热点的问题。”倒计时的秒表又嘀嗒嘀嗒地响起。这次跟第一次创业不一样，我们没有了巨人的肩膀可以站立，唯有自己成长起来做巨人。

经过多次的关键客户拜访，我们深入了解了他们对室内覆盖方案的需求，发现运营商在传统室内分布系统上，最头疼的是容量受限和部署难度大，希望能大幅提升容量，方便快速地完成部署。

为此，我们再次思考方案中的每一个细节，创新性地将 IT 系统中的优秀 DNA 引入无线蜂窝技术中。其中最为典型的应用就是，用一根普通网线解决射频远端的供电和传输的问题。这里涉及我们首创的关键技术——CPRI over 网线、CPRI 信号压缩和大功率网线供电等，使运营商的室内蜂窝系统，告别笨重的射频馈线和电源线，用一根普通的网线，就可以实现室内移动宽带的覆盖。

早就听说日本客户对产品质量要求极度严苛，但我怎么也没想到，客户会亲自测量模块的长、宽、高，计算体积，称重量，而且精确到小数点后两位，还会对滤波器的几十个指标逐个测试，哪怕是表面喷涂的一个小气泡，都会被判定为不合格。

2013 年春节，中射频与基站平台的兄弟们，在松山湖生产线上，一边跟其他产品线学习客户的质量要求，一边不断自我改进产线装备和加工工艺。很多成员为了赶进度，连续一个月在生产线上两班倒，进行 100% 温循筛选，最终确保了三百多个模块的发货质量。

2013 年 6 月，第一代 LampSite 正式下线，走向全球市场，如期交到客户手中。我听到了春天冰雪消融的声音。很快，LampSite 带

无线产品线总裁汪涛在“巴展”首次发布 LampSite

来的网络体验，打动了中国及南太、东南亚、欧洲等地区客户，入驻北京首都机场、人民大会堂、法国依云皇家酒店、西班牙皇家歌剧院等场馆。

对我们这群经历过 Femto 低谷而不再“年轻”的年轻人来说，幸福来得太突然。这次，我们真的看见了胜利的曙光。

第一代 LampSite 打响了第一炮，但我们的脚步不能停止。

在随后的第二代产品更新过程中，硬件工程师创新性地将终端“频选”的技术应用到 LampSite 上，无论放置在哪一个运营商上，都可以自动选择到合适的制式和频段，就像手机用户不需要知道用的是 LTE 还是 UMTS，都能享用高速网络。运营商不用再担心未来有了新频谱，就必须更换硬件；天线工程师在两个巴掌大小的面积上，集成十几个天线，进一步缩小了体积；安装工程师潜心研究了四年，发明出一推一挂十秒安装方法；整机工程团队把 LampSite 和

2013 年元旦 LampSite 先锋队员在松山湖生产线上

天花板的间隙从三十毫米减小到二十毫米，又减小到十毫米，让这个漂亮的小白盒子与环境更加融合……

把所有玩家变成“盟友”

除了技术方案，室内覆盖最困扰运营商的是楼宇获取的问题，因为传统解决方案能给业主带来的仅是租金，所以积极性不足。针对这个问题，Small Cell 产品线总裁周跃峰带着我们，反复思考论证背后的商业模式，提出“站点众包”的理念。这与互联网创业的“众筹”类似，运营商、商场、企业、电信设备商、互联网企业、开发者，都可以一起从最初的建设到最终的运营，探索新的合作模式。

比如，我们发现很多流行的导航软件，到了室内都无法使用，因为没有 GPS 信号，于是抓住这一契机，主动联系了电子地图厂商。通过与其服务器的对接，用户即使到了室内依然可以流畅使用导航等业务。又比如，现在我们手机上显示的信号都是“中国移动 4G”、“中国联通 4G”等等，下一步有可能出现“中国移动—星巴克 4G”。进而，中国移动的用户在星巴克可以享受“流量免费”、“通话免费”等特惠。

2015 年和 2016 年，我们在印度尼西亚、马来西亚、菲律宾等地相继成立 Small Cell 国家产业联盟，让“站点众包”的概念在上述区域纷纷落地生根。加拿大运营商 T 与电力企业置换股份，将小基站成批量地安装在后者拥有的电线杆等基础设施上；运营商 V 则与荷兰一家拥有公交站广告发放权的公司合作，利用公交站的空间安装 Small Cell，广告公司不仅能获得租金，还能借助运营商的大数据能力，发布动态、精准定位的广告。该区域产业链上的所有玩家成为命运共同体，共同推进其室内 MBB 的发展。

与此同时，Small Cell 家族的其他产品与 LampSite 齐头并进，撕开越来越多市场的口子，给更多客户带来良好的网络体验……

What is the next ?

十年前我们谈 Small Cell，充满了不确定性。十年后的今天，我们再谈 Small Cell，仍然充满了不确定性。但在这不确定性中，有一

华为与马来西亚多家运营商、站址业主共同召开 Small Cell 产业联盟筹备峰会

个十分确定的东西，那就是，要找到真正符合运营商发展要求的方向。

蓝军转红军，又孕育新的蓝军，整个产业生生不息。十年是职业生涯中很长的一段，我有幸能陪伴一个产品从初生到羽翼丰满，再到展翅高飞……

（文字编辑：江晓奕）

部分网友回复——

pbq：

蓝军转红军，又孕育新的蓝军，整个产业生生不息。

RayLiu：

百万联通誓雄师，小站浴火再重生。

我换个马甲来爱你：

可见不能只埋头做产品，了解产品的整体解决方案和市场信息，洞察市场，端到端看产品，才可能做出最有竞争力、对客户有吸引力的方案。

天边的云：

埋头干活，还得抬头看路。置之死地而后生，这个蓝军是好样的！

借个火丁：

在这不确定性中，有一个十分确定的东西，那就是，要找到真正符合运营商发展要求的方向。